微格教学在物理课程中的实践探索

冯春杰　著

湘潭大学出版社

图书在版编目（CIP）数据

微格教学在物理课程中的实践探索 / 冯春杰著. --
湘潭 : 湘潭大学出版社, 2022.5
ISBN 978-7-5687-0821-0

Ⅰ. ①微… Ⅱ. ①冯… Ⅲ. ①中学物理课—教学研究
Ⅳ. ①G633.72

中国版本图书馆 CIP 数据核字 (2022) 第 126532 号

微格教学在物理课程中的实践探索

冯春杰 著

责任编辑：丁立松
封面设计：张丽莉
出版发行：湘潭大学出版社
社　　址：湖南省湘潭大学工程训练大楼
电　　话：0731-58298960 0731-58298966（传真）
邮　　编：411105
网　　址：http://press.xtu.edu.cn/
印　　刷：广东虎彩云印刷有限公司
经　　销：湖南省新华书店
开　　本：787 mm×1092 mm 1/16
印　　张：12
字　　数：292 千字
版　　次：2022 年 5 月第 1 版
印　　次：2022 年 5 月第 1 次印刷
书　　号：ISBN 978-7-5687-0821-0
定　　价：49.00 元

前　言

采用微格教学手段训练学生的教学技能，解决了多年困扰教师教学技能训练不理想的问题。随着微格教学在我国中学阶段的逐渐普及和微格教学设备的不断完善，微格教学训练教材等教学资源的缺乏，成为影响学生训练质量的突出问题。为了解决微格教学技能训练中存在的问题，提高训练质量，本书根据物理学科教学的特点，对物理微格教学的理论进行了详细的阐述。

物理教学法中的微格教学就是一门能满足上述需求的教学手段，现阶段国内使用的微格教学是在西方国家采用的微格教学法的基础上改进而得出的方法，是在参考物理学特征的前提下提出的对物理师范生具有针对性的教学技能训练方法，主要目的是提高学生的教学技能，使学生在短时间内养成一定的实践能力，使其能够在走进高等学府或者走向社会后都可以因为这些知识而受益。

全书共分为五个章节，第一章为物理课程教学概论，包含物理课程在基础教育中的地位与作用、物理的新课程标准、物理新课程标准中的科学探究、物理课程标准与教学大纲的比较等内容。第二章为微格教学理论概述，内容有微格教学概述、微格教学理论依据和研究对象、微格教学的实践、国外微格教学模式简介以及物理教学技能微格教学模式。第三章为物理课程教学的设计技能，有物理教学设计的概述、物理教学设计及示例、教案编写和教学的活动体验三个部分。第四章是物理课程教学的基本技能，包括物理课堂教学技能概述、物理课堂教学的引入技能、物理课堂教学的展开技能、物理课堂教学的结束技能、物理说课技能五节的内容。最后一章是微格教学在物理课程中的实践分析，具体有物理课堂教学导入的设计与分析、物理课堂教学导入微格教学、物理课堂教学讲解的设计与分析、物理课堂教学讲解微格教学、物理课堂教学结束的设计与分析和物理课堂教学结束微格教学的内容，对各个教学环节进行了全方位的介绍，突出实践性和可操作性，帮助教师教育学生掌握课堂教学的各项技能，提高教学中的实际应用能力。

本书将在教师教学技能理论和实践的结合方面做一些有益的探讨，可作为中学物理教师的继续教育用书和教学参考书。由于编写本书的时间仓促，在编写中出现的错误在所难免，恳请各位读者批评指正！

编　者

2022 年 4 月

目　录

第一章　物理课程教学概论

课程是规定以什么样的教学内容来培养新一代人才的问题。它体现着一个国家对学校教学的具体要求，关系到学生的知识结构、智力结构和个性结构。任何一项具体的教育活动，都离不开课程，课程是教育活动的中心，也是教育改革的核心。课程是指在学校安排和教师设计之下所进行的有计划地、系统地组织学生学习知识的总计划，是有目的的行动，课程是对教学内容和具体教材的规定（或至少期望）教学的结果。本章从物理课程在基础教育中的地位与作用、物理的新课程标准、物理新课程标准中的科学探究以及物理课程标准与教学大纲的比较四个方面详细地阐述物理课程的教学概论。

第一节　物理课程在基础教育中的地位与作用

一、物理教学指导思想

物理教学的指导思想应服从教育的指导思想。我国义务教育法规定：提高教学质量，使适龄儿童、少年在品德、智力、体质等方面全面发展。为培养有理想、有道德、有文化、有纪律的社会主义建设者和接班人奠定基础。这一指导思想反映了两个方面的内容。

（1）阐明了为社会主义建设培养什么人的问题。

（2）说明了在受教育者身上形成哪些素质及其素质结构的问题。

“素质”一词有多种含义，这里把素质含义界定为三层：

（1）在生理学上是指人的先天的解剖生理特点（生理素质）。

（2）素质还指一个事物主要成分的质量，就人来说，就是一个人的品德、智力、体质等方面的质量。

（3）民族性或民族本质：是指全民族每个成员素质的综合，它取决于每个国民的素质，同时与一个民族的国民性密切相关。根据以上界定，提高民族素质就是提高全民族德、智、体等方面的发展水平。“德”可理解为政治素质，它包括政治态度、思想意识和道德情操三个方面；“智”主要指文化素质，它指文化知识技能和智力发展水平；“体”主要指体质。

二、全面提高物理教学质量的含义

根据全面发展的方针，对于某具体学科来说，提高教学质量就是发展学生的知识水平、能力水平和心理品质水平，使他们成为有理想、有道德、有文化、有纪律的劳动者。

对于物理学科来说，“知识因素”主要是物理基础知识，它包括基本物理现象、基本物理概念和规律以及相应的其他物理知识。

“能力因素”主要包括观察实验能力、思维能力、分析和解决实际问题的能力。

“心理品质因素”主要包括智力因素、非智力因素以及逐步形成的共产主义、爱国主义的道德观和价值观、审美情趣、意志和性格特征。

三、物理课程的基本类型

物理课程应该包括物理理论课、物理实验课、物理习题课、物理活动课。

活动课的范围和形式包括以下几个方面：

（1）社会实践活动。社会实践活动包括劳动、访问、参观、调查等。其特点是向社会开放，在社会生活实际中获得物理知识，了解物理学的广泛应用，认识科学、技术和社会的密切联系。

（2）学科活动。学科活动是指和物理学习有关的课外物理学习形式，如物理竞赛、物理学习小组等。

（3）科技活动。科技活动的内容和形式十分广泛，如各种小制作、小发明、小创造、无线电、电工、金属加工、机电维修、天文爱好者协会、航模、舰模、太阳能、沼气等。

物理课程应该包括物理理论课、物理实验课、物理活动课。

四、物理课程的结构

1. 课程结构

课程结构的确定是指从既定的基础教育课程目标出发，考虑社会文化、教育传统以及人们的经验习惯等其他因素对课程结构的影响制约作用，确定具有不同价值的课程类型或具体科目在学校课程体系中的地位，并界定它们的权重关系。例如，学校课程体系中的各种课程类型、具体科目和课程内容保持一种恰当的、合理的比重。学校课程结构具有下列基本特征。

注重课程之间的协调，学科与活动的规划、设计应全面而均衡，学科课程与活动课程的课时、课程内容的选择要和谐，从而发挥整体课程功能、全面实现培养目标。例如：某一教育阶段设置什么科目或多少科目；如何按重要性排主次科目；各科目占多少课时、上课时间安排在哪学期；教学课表；编制课程标准与教科书时，必须对内容做出合理的选择，应该选择哪些内容，每一单元在科目体系中安排多少内容才是恰当的。这就需要综合考虑学科、课程、实践活动，选择要适应于地方社会经济发展的现实需要、学校的办学宗旨和方向、学生的个性发展。

2. 物理课程常见的基本结构

物理课程结构主要分为课程的目标结构和物理课程的内容结构两个方面。中学物理课程的目标结构指物理课程的培养目标，包括知识与技能目标，过程与方法目标，情感、态度与价值观目标。三个方面的目标结构关系如图 1-1 所示。

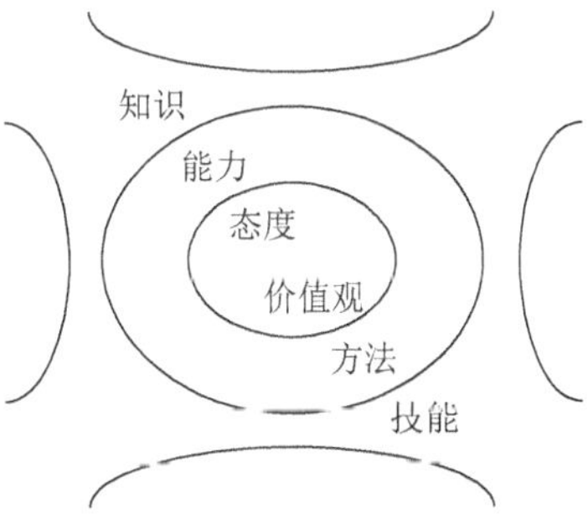

图 1-1　知识能力价值观结构图

从总体上看，中学物理课程的内容采用螺旋式上升的结构进行安排，即物理课程安排初中和高中两个循环，每个循环中都涉及力学、热学、电学、光学等内容，每一部分内容的呈现大体上遵循物理学的学科逻辑结构。

在初中阶段，物理课程的内容主要介绍日常生产生活中的物理现象，定性内容多，定量研究的少，并且数学计算比较简单。

在高中阶段，物理课程在初中知识的基础上，对物理现象和物理规律进行较为深入的讨论和研究，同时比较全面地介绍物理学内容的各个部分，探讨物理学基本的本质内容，对物理学适当地进行定量研究。

第二节 物理的新课程标准

课程目标是对特定教育活动和教育阶段的课程进行的价值和任务界定，它主要通过课程方案（或课程计划）以及其中的具体学科体现出来，如基础教育的课程目标、物理学课的课程目标等。课程目标所界定的价值和任务是非常具体的，可以直接转化到课程与教学的实际活动中。

物理课程改革的指导思想和总体目标是兼顾社会、学科和学生三个方面，以学生发展为核心目标来设计基础教育课程，充分体现了以人为本的现代教育理念。其重点是培养学生的创新精神和实践能力。

一、新课程标准的“新”

新课程标准根据《国务院关于基础教育改革与发展的决定》和《基础教育课程改革纲要（试行）》的精神而制定的，体现了与时俱进的思想和时代的精神。

我国以往的课程目标主要体现为社会本位的价值取向，在一定程度上忽视了学生的自我发展。新课程以学生为核心，从学生发展的角度，对学生在与自我、自然和社会交互作用中所必需的素养进行了规定。在这些目标中既有对学生社会性发展的要求，也有关于学生自我成长的要求，还有正确处理人与自然关系的要求。在新的历史时期对学生的全面发展进行了重新认识。

新课程将“基础知识和基本技能”界定为“适应终身学习和终身发展的基础知识、基本技能和方法”，即那些有助于学生在不同情况下不断学习的基础知识和基本技能与方法需要学生掌握，而那些纯学术化或专业化的基础知识和基本技能不再要求所有学生共同学习和掌握。根据时代的发展提出了创新精神、实践能力、科学和人文素养、健康的审美情趣和生活方式等新的发展要求。

中学阶段的物理教学目标从低级到高级分为知识（知道）、了解、应用、分析、综合、评价六个层次。

（1）知识。指对先前知识材料的回忆，包括具体知识、处理具体事物方式方法知识、学科领域中普遍原理和抽象概念知识。

（2）了解。是指把握知识材料意义的能力，可以借助三种形式：转化、解释、判断。

（3）应用。指把学到的知识应用于新的情境，这是高水平的理解。

（4）分析。能把复杂的知识、整体材料分解为组成部分，并理解各部分之间联系的能力。

（5）综合。指将所学知识的各部分重新组合形成一个新的整体。

（6）评价。指对材料做价值判断，包括根据自己想法来判断和根据外部准则来判断。

过去物理课程中存在的问题：第一，以知识为本的课程设计限制了课程在情感、态度、价值观领域和科学过程、科学方法领域的教育功能；第二，标准划一的学术要求挫伤了很多学生对于自然和科学技术的感情与兴趣；第三，严格的学科体系难以发展学生的创新精神和实践能力。

新课程特别强调的四点：第一，重视物理课程在情感、态度、价值观方面的教育功能；第二，强调过程和方法的教学；第三，知识与技能、科学能力与科学方法、情感态度和价值观都可以通过科学探究的教学来实现；第四，学生实验与过去有所不同。

二、全日制义务教育物理课程标准

2001 年教育部颁布的《全日制义务教育物理课程标准（实验稿）》，经过十年的实践探索，课程改革成效显著，课程标准得到了广大中学教师的认同。同时，在课程标准实施过程中，发现一些标准的内容、要求有待调整和完善，对物理课程标准进行修订，教育部颁布了《义务教育物理课程标准（2011 版）》，于 2012 年秋季开始执行。这是初中物理教材编写、物理教学、评估和考试命题的依据，是国家管理和评价物理课程的基础。它体现了国家对初中阶段的学生在知识与技能、过程与方法、情感态度与价值观等方面的基本要求，规定了物理课程的性质、目标、内容框架，提出了教学和评价建议。

习近平总书记多次强调，课程教材要发挥培根铸魂、启智增慧的作用，必须坚持马克思主义的指导地位，体现马克思主义中国化最新成果，体现中国和中华民族风格，体现党和国家对教育的基本要求，体现国家和民族基本价值观，体现人类文化知识积累和创新成果。

义务教育课程规定了教育目标、教育内容和教学基本要求，体现国家意志，在立德树人中发挥着关键作用。2001 年颁布的《义务教育课程设置实验方案》和 2011 年颁布的义务教育各课程标准，坚持了正确的改革方向，体现了先进的教育理念，为基础教育质量提高作出了积极贡献。随着义务教育全面普及，教育需求从“有学上”转向“上好学”，必须进一步明确“培养什么人、怎样培养人、为谁培养人”，优化学校育人蓝图。当今世界科技进步日新月异，网络新媒体迅速普及，人们生活、学习、工作方式不断改变，儿童青少年成长环境深刻变化，人才培养面临新挑战。义务教育课程必须与时俱进，进行修订完善。

以习近平新时代中国特色社会主义思想为指导，全面贯彻党的教育方针，遵循教育教学规律，落实立德树人根本任务，发展素质教育。以人民为中心，扎根中国大地办教育。坚持德育为先，提升智育水平，加强体育美育，落实劳动教育。反映时代特征，努力构建具有中国特色、世界水准的义务教育课程体系。聚焦中国学生发展核心素养，培养学生适应未来发展的正确价值观、必备品格和关键能力，引导学生明确人生发展方向，成长为德智体美劳全面发展的社会主义建设者和接班人。于是，就有了 2022 年初中物理课程标准的颁布。初中物理课程标准框架结构的主要内容包括：前言、课程目标、课程内容、实施建议、附录五个部分。2022 年全日制义务教育物理课程标准结构如图 1-2 所示。

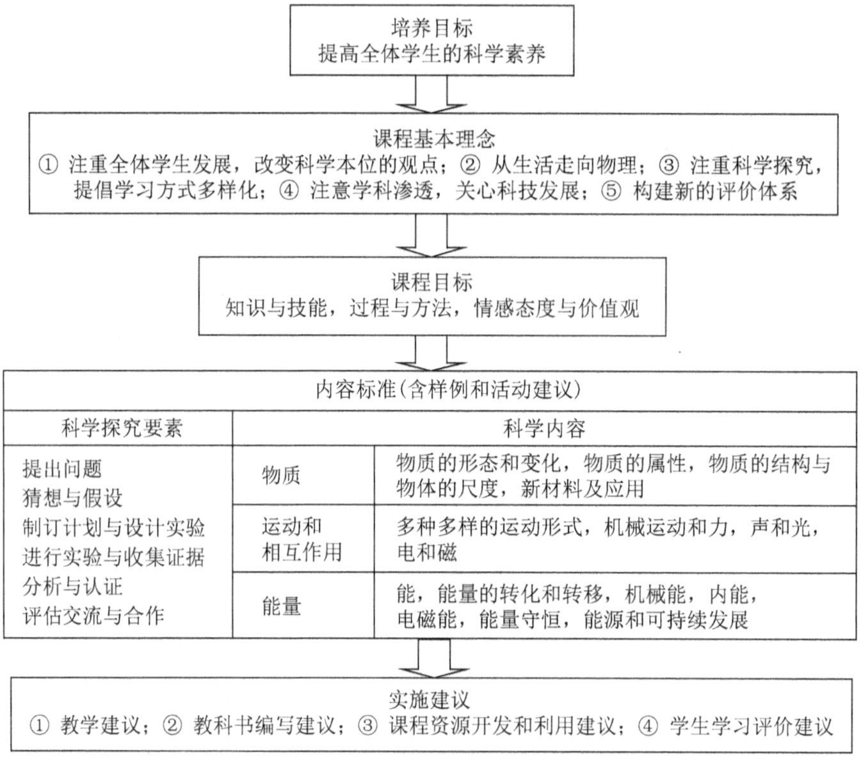

图 1-2　物理课程标准结构

（一）前言

结合初中物理课程的特点，从课程性质、基本理念、课程标准设计思路阐述了义务教育阶段的物理教学要注重学生的全面发展，培养学生科学素养，关注学生应对未来社会挑战的需求，确定了学生经过义务教育阶段物理课程学习后应达到的要求。

物理课程性质：学习初步的物理知识与技能，经历基本的科学探究过程，受到科学态度和科学精神的熏陶，以提高全体学生的科学素质、促进学生的全面发展为主要目标的自然科学基础课程。

基本理念：注重全体学生的发展，改变学科本位的观念；从生活走向物理，从物理走向社会；注重科学探究，提倡学习方式多样化；注意学科渗透，关心科技发展；构建新的评价体系。

（二）课程目标

新课程的着眼点在于学生的发展，而不局限于知识的传承，按照国家的教育方针及素质教育的要求，从知识与技能，过程与方法，情感、态度与价值观三个方面阐述物理课程的总体目标与学段目标。

1. 课程标准关于知识与技能的要求

（1）初步认识物质的形态及变化、物质的属性及结构……

（2）初步认识机械运动、声和光、电和磁……

（3）初步认识能、能量的转化与转移……

（4）初步了解物理学及其相关技术……

（5）具有初步的实验操作技能，会……

（6）会记录实验数据，知道简单数据处理……

上述要求把知识目标分为三个层次：了解水平、认识水平、理解水平。了解水平的行为动词是：初步了解、了解、知道、描述、说出、举出。认识水平的行为动词是：初步认识、认识。理解水平的行为动词是：区别、说明、分析、解释、估计、分类、计算。上述行为动词是递增的。操作水平的行为动词是：会测量、会、学会。其特点包括：

第一，具有不过分强调学科自身的逻辑体系和概念、规律的严密性，如，过去：力×距离＝功。“为什么?”“不知道，这是规定。”然后由“做功的本领”定义能。现在：先学能，从能的变化定义功。

第二，联系实际，贴近生活。

第三，扩大知识面，求广不求深。

第四，许多问题没有唯一正确的答案，如，开放性、实践性问题，合理估算。

第五，注重新科技知识，如纳米科学技术、网络通信、磁悬浮列车等。

第六，注重学科渗透，如动物罗盘、电鳐发电、蝉鸣等。

2. 课程标准关于过程与方法的要求

（1）经历观察物理现象的过程……有初步观察能力。

（2）能在观察物理现象或学习过程中发现一些问题，有初步提出问题的能力。

（3）……有初步的信息收集能力。

（4）……有初步的信息处理能力。

（5）……有初步的概括能力。

（6）……有初步的信息交流能力。

上述内容对学生能力与行为给出具体要求。第一，学生学习获取知识的方法：教师讲授、启发、引导，学生阅读、听广播、看电视、浏览互联网等。第二，使学生体验、感悟科学学习的过程，学生在亲身体验和感悟中，得出结论。并会在新的学习过程中得到加强和深化，使素质教育具体化，使学生获得对自然世界和科学技术的理解。第三，追求与众不同的思考方法。

3. 课程标准关于情感态度与价值观的要求

（1）……领略自然现象中的美妙与和谐……的情感。

（2）……乐于探索……勇于探究……实践的意识。乐于参与……科学实践活动。

（3）……能体验战胜困难、解决物理问题时的喜悦。

（4）……不迷信权威，具有判断大众传媒是否符合科学规律的初步意识。

（5）……有主动与他人合作的精神，敢于提出与别人不同的见解，也勇于放弃或修正自己的错误观点。

（6）认识STS（science technology society）研究，有可持续发展的意识，能在个人力所能及的范围内对社会的可持续发展有所贡献。

（7）有服务于人类的意识……有振兴中华的使命感。

以上要求强调：第一，关心人的身心全面发展，如美妙与和谐，对大自然的亲近感；

第二，保持个体对未知世界的好奇心，如具有对科学的求知欲，探究新器件中的物理学原理，有将科学技术应用于日常生活、社会实践的意识；第三，树立尊重客观规律的科学观、世界观，如具有判断大众传媒是否符合科学规律的初步意识；第四，体会科学美，简单、统一、和谐、对称。

（三）课程内容

强调科学探究，用实例消除学生的困惑。初中物理课教学内容有：三个一级主题，十四个二级主题。共有 134 个知识点。其中：了解水平有 74 个知识点；认识水平有 14 个知识点；理解水平有 28 个知识点；操作技能有 9 个知识点；还有 9 个知识点只单纯强调经历探究而对科学内容并无要求。

（四）实施建议

教学建议加强科学探究、物理学与生活和社会的联系、实验教学、科学内容教学的指导，关注教学中的疑难问题，注重多维课程目标的落实。从指导思想、评价内容、评价方法和应注意的问题方面，提出对学生评价应注重促进学生发展，对教材编写、课程资源开发与利用提出建议。

三、全日制普通高级中学物理课程标准

高中物理是普通高中科学学习领域的一门基础课程，与九年义务教育物理或科学课程相衔接，旨在进一步提高学生的科学素养。高中物理课程有助于学生继续学习基本的物理知识与技能；体验科学探究过程，了解科学研究方法；增强创新意识和实践能力，发展探索自然、理解自然的兴趣和热情；认识物理学对科技进步以及文化、经济和社会发展的影响；为终身发展，形成科学世界观和科学价值观打下基础。

2017 年教育部制定的《普通高中物理课程标准（实验）》，是高中物理教材编写、物理教学、评估和考试命题的依据，是国家管理和评价物理课程的基础。它体现了国家对高中阶段的学生在知识与技能、过程与方法、情感态度与价值观等方面的基本要求，规定了物理课程的性质、目标、内容框架，提出了教学和评价建议。高中物理课程标准框架结构（见图 1-3）的主要内容包括五部分，即前言、课程目标、内容标准、实施建议和附录。

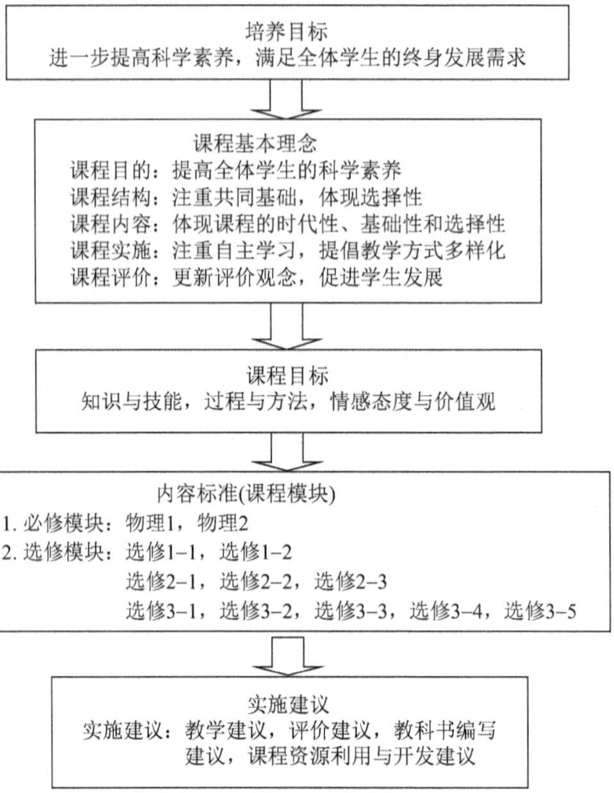

图 1-3　高中物理课程标准结构

（一）前言

结合物理课程的特点，阐述课程改革的背景、课程性质、基本理念与基本标准的设计思路。

课程基本理念：第一，在课程目标上注重提高全体学生的科学素养；第二，在课程结构上重视基础，体现课程的选择性；第三，在课程内容上体现时代性、基础性、选择性；第四，在课程实施上注重自主学习，提倡教学方式多样化。

课程目标：按照国家的教育方针及素质教育的要求，从知识与技能、过程与方法、情感态度与价值观三个方面阐述物理课程的总体目标与学段目标。表 1-1 是初中、高中物理新课程的具体目标对比。

表 1-1 初中、高中物理课程的具体目标对比

	初中	高中
知识与技能	认识物理学基础知识、了解基本应用、基础知识的历史、现状、趋势、作用； 具有物理实验基本技能； 了解物理学与科学、技术、社会的关系	理解物理学基础知识及基本应用，了解基础知识的历史、现状、趋势、作用； 具备物理实验基本技能 了解物理学与科学、技术、社会的关系
过程与方法	亲历物理认识、科学探究过程； 培养观察、实验、科学探究、研究、信息处理等方法； 发展观察、提出问题、信息收集、信息处理、分析概括、信息交流等能力	亲历物理认识、科学探究过程； 培养实验、科学探究、研究、应用等方法； 发展科学探究、自主学习、分析解决问题、发现提出问题等能力
情感态度与价值观	培养物理学习、科学探究兴趣；形成科学情感；培养科学态度和科学精神，形成科学价值观	培养物理学习、科学探究兴趣；形成科学情感；培养科学态度和科学精神，形成科学价值观

（二）内容标准

普通高中物理课程标准中关于内容标准的叙述分三部分：科学探究及物理实验能力要求、共同必修模块、选修模块。该内容标准具体阐述物理课程的内容目标，就是用明确的行为动词（描述学生达到何种学习程度的动词，如背诵、证明、模仿、绘制等）阐述学生在经过一定阶段的学习后应达到的目标。

第一，必修选修的模块设置结构安排。对于物理课程，要求学生必修 6 个学分，修满 6 个必修学分后，学生可以根据自己兴趣、发展潜能、今后的发展倾向，可以在物理选修模块选学。

第二，共同必修模块。有两个模块，物理 1（运动的描述、相互作用与运动规律）；物理 2（机械能和能源、抛体运动与圆周运动、经典力学的成就与局限性），4 学分；从 1-1，2-1，3-1 三个模块中还必须选出一个模块来学习，从而获得 2 学分，达到高中物理 6 学分的要求。

第三，选修模块。选修系列 1，侧重物理学与社会科学和人文学科的融合，强调物理学对人类文明的影响，有两个模块，选修 1-1（电磁现象与规律、电磁技术与社会发展、家用电器与日常生活）、选修 1-2（热现象与规律、热与生活、能源与社会发展）；选修系

列 2，侧重从技术应用的角度展示物理学，强调物理学的应用和实践，有三个模块，选修 2-1（电路与电工、电磁波与信息技术）、选修 2-2（力与机械、热与热机）、选修 2-3（光与光学仪器、原子结构与核技术）；选修系列 3，在注重物理学的应用和社会意义的同时，较系统地介绍了物理学内容，进一步强调了物理学的研究思想和方法，有五个模块，选修 3-1（电场、电路、磁场）、选修 3-2（电磁感应、交变电流、传感器）、选修 3-3（分子动理论与统计思想，固体、液体与气体，热力学定律与能量守恒，能源与可持续发展）、选修 3-4（机械振动与机械波，电磁振荡与电磁波、光、相对论）、选修 3-5（碰撞与动量守恒、原子结构、原子核、波粒二象性）。

（三）实施建议

为了确保国家课程标准能够在全国范围内绝大多数学生身上实现，需要在国家课程标准中附带提供推广或实施这一标准的建议，主要包括教与学的建议、评价建议、课程资源的开发与利用建议，以及教材编写建议等。

（四）附录

包括物理实验专题和物理专题研修两部分内容。

第三节　物理新课程标准中的科学探究

一、科学探究的意义

1. 提倡科学探究的目的

（1）经历与科学工作者进行科学探究时的相似过程。

（2）学习科学家的科学探究方法。

（3）体验科学探究的乐趣、领悟科学的思想和精神。

2. 提倡科学探究，引起学习重点的转移

（1）从过分强调知识的传承和积累向知识的探究过程转化。

（2）从学生被动接受知识向主动获取知识转化。

（3）培养科学探究能力，实事求是的科学态度和敢于创新的科学探索精神。

二、关于科学探究教学实施的思考

（1）创设问题情景，按图 1-4 所示，对各类物理现象、实验等素材加工、纯化，揭示新的事实与原有认知之间的矛盾。

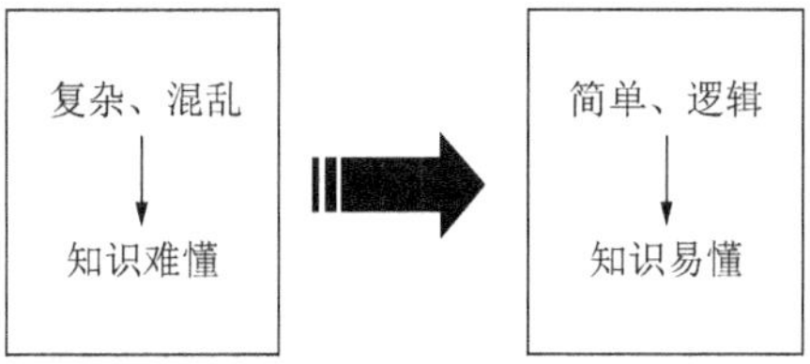

图 1-4　创设情景知识的加工、纯化图

（2）问题背景中的有关质疑——提出问题。

（3）根据原有经验和知识去推测，尝试对事物的因果关系、规律性做出解释，——提出猜想和假设。

（4）制订计划与设计实验。根据猜想和假设，教师可提出研究方案的样例，对学生要求不一定统一，让学生制订验证猜想和假设的计划或设计实验。

（5）研究问题阶段，教师从信息、资料的收集，实验仪器的使用等方面指导学生，按上述设计进行实验与收集证据，引导学生自我评价。

（6）分析与论证。学生尝试描述、比较、处理信息，用简洁的语言陈述探究结果。认识到在实验中进行分析论证是很重要的。尝试分析假设与实验结果间的差异。注意探究活动中未解决的矛盾，发现新的问题。

（7）评估。引导学生自我评估，吸取经验教训，改进探究方案并且认识到评估的意义，修正研究方案。

（8）交流与合作。让学生有合作精神、认识到交流与合作的重要性。

三、物理新课程标准与物理教学任务

物理课程标准的着眼点在于学生的发展，而不局限于知识的传承。因此根据物理学科的特点，结合物理课程标准，物理教学任务。教授学生终身发展必备的物理基础知识和技能，使学生了解物理基础知识和技能的应用、关注科学技术的现状及发展趋势；使学生在物理基础知识和技能的学习过程中，经历科学探究过程，学习科学探究方法，发展学生自主学习能力，使学生养成良好的思维习惯，能用物理知识和科学探究方法解决一些问题；发展学生的好奇心、求知欲及对科学探索的兴趣，使学生形成实事求是的科学态度与科学精神，了解科学与技术、经济与社会的互动作用，认识人与自然、社会的关系，有将科学服务于人类的社会责任感，有可持续发展意识和全球观念。通过物理教学最终提高学生的科学素养，使中学物理教学为提高全民族的素质做出贡献。具体而言，物理教学的目标可结合物理课程教学标准从三个方面把握（见图 1-5）。

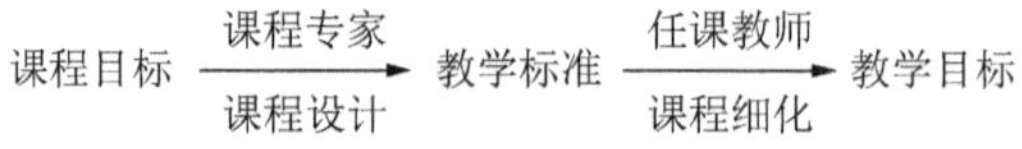

图 1-5　课程目标、教学标准和教学目标关系

1. 教授学生终身发展必备的物理基础知识与技能

在物理课程学习阶段，学习物理学的基础知识，就是要学生了解物质结构、相互作用和运动的一些基本概念和规律，了解物理学的基本观点和思想。中学物理涉及的物理知识十分广泛，从研究对象的性质和运动形式看，中学物理涉及力学、热学、光学、声学、电磁学、原子与原子核等多个物理学分支；从知识的属性看，无论哪一个分支都包含物理现象、物理概念、物理规律、物理实验以及物理知识的应用、物理学的形成等，其中物理现象、物理概念、物理规律和物理实验是最基本的内容。但教材编写不过分强调学科自身的逻辑体系和概念、规律的严密性，不求“深”，而尽可能联系实际，贴近生活，扩大学生的知识面。

2. 学生学习知识与技能过程中，经历科学探究过程，学习科学研究方法

经历科学探究过程，学习科学研究方法是中学物理教学的主要任务之一。物理课程标准把过程与方法作为物理课程具体目标的重要方面，该目标的核心就是强调让学生在学习过程中经历和体验。

科学探究是指科学工作者发现问题、提出问题、解决问题的一个过程，科学探究的形式是多种多样的。但是科学探究活动一般包含：提出问题、猜想和假设、制订计划与设计实验、进行实验与收集证据、分析与论证以及评估、交流和合作等一些共同的要素。课堂上的科学探究活动可以涉及全部要素，也可以只涉及部分要素。课堂教学中，结合具体物理知识，使学生经历和科学家进行科学研究时相似的活动过程，体验科学探究的乐趣，学习科学研究方法。科学探究引入物理课程教学是物理课程改革的创新点和亮点。

3. 情感态度与价值观教育

物理课程提出了三位一体的课程目标，情感态度与价值观维度是物理课程目标的重要方面。因而，强化情感态度与价值观教育，使学生形成积极的情感态度与价值观是中学物理教学的重要任务之一。在中学阶段的物理教学中，情感态度与价值观教育内容主要表现在以下方面。

通过教学使学生领悟到自然界的奇妙与和谐，发展学生对科学的好奇心和求知欲，以及对物理学的兴趣，使学生乐于探究自然界的奥秘，并在探究中体验科学探究的乐趣和艰辛，从而激发学生探究科学奥秘的热情和积极性，使学生勇于探究与日常生活相关的物理问题，形成将物理知识应用于生活与生产实践的意识。

物理教学要注重培养学生尊重事实、尊重证据，培养学生勇于修正错误，不迷信权威、不轻信传闻，具有团队精神，把实验作为检验某种学说的最终标准。

通过物理教学使学生了解和体会物理学对经济、社会发展的贡献。能够关注、思考与物理学相关的热点问题，有可持续发展的意识；同时，还要培养学生关心国内、国际科技发展的自觉性，以及培养学生的家国情怀和民族自豪感。

第四节　物理课程标准与教学大纲的比较

“课程标准”并不是一个新词，早在1912年中华民国南京临时政府教育部就颁布了《普通教育暂行课程标准》。此后，“课程标准”一词在中国一直沿用了40年。新中国成立初期，我国颁布了小学各科和中学个别科目的课程标准（草案）。1952年后，受苏联影响，各科“课程标准”改称“教学大纲”。而最近十年随着基础教育改革的推进，综合考虑之后，重新启用“课程标准”并取代“教学大纲”。至此，我国的物理课程经过不断改革和探索，实现了物理教学大纲向物理课程标准的转变，创新并构建了中国特色的物理课程新模式。对比沿用了几十年的《高中物理教学大纲》，《普通高中物理课程标准（实验）》在框架结构、体例、内容和表述方法等方面都发生了重大变化。

一、两者框架结构不同

《物理课程标准》框架结构的主要内容包括五部分，前言、课程目标、内容标准、实施建议和附录。

《物理教学大纲》主要包括如下内容：① 教学目的；② 课程安排；③ 教学内容的确定；④ 教学中应该注意的问题；⑤ 必修物理课的教学内容和要求；⑥ 必修加选修物理课的教学内容和要求；⑦ 教学评价；⑧ 附录。《物理教学大纲》的“教学目的”项目之前的三段文字，表述了物理课程的性质和课程目标，这对应于《物理课程标准》的前言部分，但是《物理课程标准》的表述更加全面、清晰。高级中学物理课程标准与原高中物理教学大纲框架结构的对比见表 1-2。

表 1-2　高中《物理课程标准》与《物理教学大纲》框架结构对比

比较项目	《物理课程标准》	《物理教学大纲》
前言	课程性质	课程的性质和目标
	课程基本理念	
	课程设计思路	
课程目标	过程与方法	教学目的
内容标准	情感态度与价值观	
	内容领域及行为目标	
实施建议	教学建议	教学建议 教学中应注意的问题 课时安排 教学评价
	评价建议	
	课程资源开始与利用	
	教材编写建议	
附录	物理实验专题	研究性学习课题示录
	物理专题研修	

二、基本理念有差异

《物理教学大纲》从教谛教学角度出发，对教学内容、教学目标以及注意的问题做出较原则性的叙述；《物理课程标准》全面考虑课程实施过程的教育功能，强调学生学习的过程与方法，倡导学生素质的全面提高，两者课程理念完全不同，对培养新时期具有良好素质和竞争力的新一代学生具有重要意义。

《物理课程标准》在前言部分，就对物理课程的性质、价值与功能做了定性描述，阐述了物理课程改革的基本理念，并对课程标准设计的思路做了详细说明。这是《物理教学大纲》中所没有的。《物理课程标准》明确提出了5条课程理念，而《物理教学大纲》没有明确和系统的表述，体现课程理念的表述散见于各部分之中。

这些基本理念表明新一轮的物理课程改革以全面提高每个学生的科学素养为核心，强调物理教育要面向全体学生，以学生发展为本；体现科学本质，突出科学探究；反映当代科学成果与社会相联系。

如2000年的《中学物理教学大纲》已体现了另类物理课程的选择性的思想，但较之《物理课程标准》所提出的“选择性”而言，后者的内涵要丰富得多。二者相比较，《物理课程标准》设计可供选择的不同的物理课程模块、精选学生终身学习必备的基础知识与技能的物理内容，同时还提供重点不同、以满足不同需求的其他物理内容，并通过“普通高中提倡学分制”、使物理课程结构与内容能变通、“推进教科书的多样化”等措施，强调普通高中物理课程结构与内容应当能满足不同地区经济文化的不同需要，能适应不同学校的特点，能充分尊重学生的个性，让学生个性得以健康、生动活泼地发展。

三、物理教学目的不同

《物理教学大纲》强调的是知识技能目标，重点是对教学工作做出规定，主要表现的是基本的教学目标、教学内容、教学要求及若干教学建议，使教师更加关注知识点，关注学习的效果，忽视学习过程与方法，忽视情感、态度、价值观的培养，课程价值取向为精英教育；《物理课程标准》对学生学习的过程、方法、情感、价值观、认知发展水平提出要求，提出了大众教育，两者的课程的性质完全不同。

例如，《高中物理教学大纲》要求：“学习基础知识及其应用，了解物理学与其他学科以及物理学与技术进步，社会发展的关系”“进行科学方法的训练，培养学生的观察和实验能力，科学思维能力，分析问题和解决问题的能力”“培养学习科学的兴趣和实事求是的科学态度，树立创新意识，结合物理教学进行辩证唯物主义教育和爱国主义教育”，归纳起来就是要求学生经过高中物理课的学习要具有基础知识及应用的能力，学习科学的方法、科学的态度及辩证唯物主义和爱国主义。

《物理课程标准》将目标分为总目标及具体目标。总目标要求学生“学习终身发展必备的物理基础知识和技能，了解这些知识与技能在生活、生产中的应用，关注科学技术的现状及发展趋势”“学习科学探究方法，发展自主学习能力，养成良好的思维习惯，能运用物理知识和科学探究方法解决一些问题”“发展好奇心与求知欲，发展科学探索兴趣，有坚持真理，勇于创新，实事求是的科学态度与科学精神，有振兴中华、将科学服务于人类的社会责任感”“了解科学与技术、经济和社会的互动作用，认识人与自然、社会的关系，有可持续发展意识和全球观念。”

初中物理课程标准与2000年颁布的《九年义务教育全日制初级中学物理教学大纲（试用修订版）》教学目标的差异（见表1-3）。

表1-3 义务教育大纲教学目的和课程标准目标比较

2000年颁布的《九年义务教育全日制初级中学物理教学大纲（试用修订版）》规定的物理教学目的	2001年颁布的《全日制义务教育物理课程标准（实验稿）》提出的课程总目标
引导学生学习物理学的初步知识及其实际应用，了解物理学在科学技术和社会发展中的重要作用	保持对自然界的好奇，发展对科学的探索兴趣，在了解和认识自然的过程中有满足感及兴奋感
培养学生初步的观察、实验能力，初步的分析、概括能力和应用物理知识解决简单问题的能力	学习一定的物理基础知识，养成良好的思维习惯，在解决问题或做决定时能尝试运用科学原理和科学研究方法
培养学生学习物理的兴趣、实事求是的科学态度、良好的学习习惯和创新精神，结合物理教学对学生进行辩证唯物主义教育、爱国主义教育和品德教育。	经历基本的科学探究过程，具有初步的科学探究能力，乐于参与和科学技术有关的社会活动，在实践中有依靠自己的科学素养提高工作效率的意识
	具有创新意识，能独立思考，勇于有根据地怀疑，养成尊重事实、大胆想象的科学态度和科学精神
	关心科学发展前沿，具有可持续发展的意识，树立正确的科学观，有振兴中华、将科学服务于人类的使命感与责任感

可以说《物理教学大纲》在知识和技能，过程和方法，情感、态度与价值观三个维度都涉及了一些，但主要还是知识和能力为主，其余两个方面就相对弱化得多。“标准”则明确提出了三维教学目标，而且对“知识与技能”“过程与方法”“情感、态度与价值观”的内涵做了详细的诠释（详见《普通高中物理课程标准（实验）》）。从总目标上也可以看

出《物理课程标准》在学生的个人发展所需的知识、能力、思维、意识等方面都做出了详细的规定，这也正是与对物理课的定位的变化相一致的。

四、《物理教学大纲》与《物理课程标准》内容安排不同

《物理课程标准》的框架包括前言、课程目标、内容标准、实施建议、附录等各部分。而《物理教学大纲》的框架仅有教学目的、教学内容及要求和教学建议几部分。《物理课程标准》在目标陈述上，包括了知识与技能、过程与方法以及情感态度与价值观。这与过去的《物理教学大纲》有着显著的区别。同时，二者在各个部分的内容阐述上，详略安排也不尽相同。《物理课程标准》在内容的表述方式上，更多地体现了指导性、启发性、弹性；而《物理教学大纲》在内容的表述方式上，则更多地体现了原则性、规定性和刚性等特点。下面以高中物理课的教材为例，说明《物理教学大纲》与《物理课程标准》内容安排的不同。

《物理教学大纲》将高中物理课的教材分为必修和必修加选修。必修为基本要求的物理课，目的是要“提高学生的科学文化素质和培养学生的观察能力、科学思维能力和适应现代生活的能力”。包括必修加选修，是较高要求的物理课。它要求为学生将来进一步学习打下比较坚实的基础。它比必修增加了要求“培养学生的科学语言表达能力，运用数学处理问题的能力，分析和解决实际问题的能力”。必修和必修加选修都是将教学要求分为较低要求（A）层次和较高要求（B）层次。由于课本编写从一开始就分属两个不同的系列，就等于要求学生在高一开始就要在“提高科学文化素质”和“为进一步学习打下比较坚实的基础”二者之间选取一个。而这个选取又不是由学生自己选择，他们只能服从学校的选择，学校教哪本书他们就要学哪本书。

《物理课程标准》将课程分为共同必修和选修。共同必修分为物理 1、物理 2 两册，又称两个模块，它面向全体高一新生，“旨在引导学生学习基本的物理内容，了解物理学的思想和研究方法，初步认识物理学对科学、技术、经济、社会的影响”，在共同必修完成以后，“为满足学生的学习需求”和“为学生的进一步发展”提供空间，“既为学生设计适合其兴趣爱好和能力倾向的不同模块又考虑不同模块的相互联系和共同要求”而进入选修系列。选修系列分为十册（十个模块）三个子系列：选修 1-1、选修 1-2 为一个子系列，侧重物理学与社会科学和人文科学的融合，强调物理学对人类文明的影响；选修 2-1、选

修 2-2、选修 2-3 为一个子系列，侧重从技术应用角度展示物理学，强调物理学的应用和实践；选修 3-1、选修 3-2、选修 3-3、选修 3-4、选修 3-5 为第三个子系列，在注重物理学的应用和社会意义的同时，较系统地介绍物理学，进一步强调物理学的研究思想和方法。对教学内容的把握上，《物理课程标准》没有沿用 A、B 的分级而是用更为具体的“了解、认识、理解、应用、独立操作、经历、反应、领悟”等不同水平的动词来界定和规范，使对具体内容的要求更有层次。

同时，《物理课程标准》首次将科学探究作为内容标准的一部分，把科学探究的学习和物理内容的学习放在同等重要的地位，也是《物理教学大纲》所不具备的。

五、教学评价的变化

《物理教学大纲》中指出“教学评价应该促进学生的发展，发挥评价的激励和诊断作用，不过分强调评价的甄别与选拔功能”。

《物理课程标准》则指出“强调评价在促进学生发展方面的作用，不强调评价的甄别与选拔功能”。其中没有“激励与诊断作用”，将《物理教学大纲》中的“不过分强调”改为“不强调”，这都是重大的理念转变。《物理课程标准》还特别提出“重视学习过程的评价，不以考试的结果作为唯一的评价依据”“教师要转变在学生学习评价中的裁判员角色，要成为学生学习的促进者，合作者，学习评价的指导者，学习潜能的开发者”“提倡评价的多主体，评价者可以是教师、家长，也可以是学生”“评价应该鼓励学生发展自己的特长和爱好”。总之，“评价的目的是为了提高学生的科学素养和教师的教学水平，为学校实施素质教育提供保障”“不能把考试成绩作为给学生分类的标签”。

可以很明显地看出，《物理课程标准》在淡化考试成绩，通过评价开发学生的能力特长。也就是说，评价也要为学生的终身发展服务。这给教学评价的实施提出了很高的要求，在新课程标准下的教材教学实施过程中，要不断地探索适应新要求的新的评价方法和评价体系。

六、新课程一个标准，多个版本教材

教材版本有人教版、上海科教版、山东科技版、教育科学版、粤教版（广东教育出版社出版）等五种版本。新课程的显著特色之一就是“一纲多本”，为我们提供了多样化的教科书，学校应当购置不同版本的高中物理教科书供教师参考，为教师的教学提供更为宽广的选择余地。各种版本的教材都有特色的内容，如人教版的物理实验、课题研究和课外读物，上海科教版的总结与评价，山东科技版（司南版）的导入、我的收获与问题，教育科学版的本章小结等。

课程标准是教材编写、教学、评估和考试命题的依据，是国家管理和评价教育质量的基础性文件。

课程标准体现了国家对不同阶段的学生在知识与技能、过程与方法、情感态度价值观等方面的基本要求，规定了各门课程的性质、目标、内容框架，并针对课程实施中的重要问题提出了建议。

第二章　微格教学理论概述

从事物理教学除了必须具备先进正确的指导思想和宽厚的物理知识基础、教育理论基础之外，还必须具备相当熟练的教学技能。一名物理教师在教学实施过程中能否成功，很大的程度决定于他对各项基本教学技能的掌握。物理微格教学作为一门研究物理教学技能的课程，对未来的物理教师无疑是十分重要的。应从微格教学概述、微格教学理论依据和研究对象、微格教学的实践、国外微格教学模式简介和物理教学技能微格教学模式共五个角度剖析开设微格教学的必要性，进一步说明如何开展物理微格教学活动。

第一节　微格教学概述

一、微格教学的内涵

微格教学（Micro teaching）是师范生和在职教师掌握课堂教学技能的一种培训方法。1963 年，美国斯坦福大学的阿伦（D. W. Allen）和他的同事们首先开发并创建微格教学这种培训教师的系统。在对教师培养方式和方法的研究中，他们把微格教学定义为："一个有控制的实习系统，它使师范生有可能集中完成某一特定的教学行为，或在有控制的条件下进行学习。"英国学者布朗（G. Brown）说："它是一个简化了的、细分的教学，从而使学员易于掌握。"北京教育学院微格教学课题组经过多年的实践和研究认为，微格教学是一个有控制的教学实践系统，它使师范生和教师有可能集中完成某一类特定的教学行为，并在有控制的条件下进行学习和训练；它是建筑在教育教学理论、科学方法论、视听理论和技术的基础上，系统训练教师课堂教学技能的一种理论和方法。

微格教学在美国斯坦福大学产生后，迅速在美国各地得到推广、应用和研究。20世纪60年代末传入英国、德国等欧洲国家，20世纪70年代传入日本、澳大利亚、新加坡等国家和我国的香港地区，20世纪80年代开始传入我国大陆、印度、泰国、印度尼西亚以及非洲的一些国家。随着微格教学理论和实践系统的不断完善，这种专门培养和培训教师，提升教师课堂教学技能的独特方法，很快得到各国教师教育职前培养和在职教师培训机构的重视。

20世纪80年代，微格教学以其鲜明的特点和理论联系实际的方式与方法，开始逐渐被我们认识和接受。其中，北京教育学院在微格教学的理论和实践研究的基础上，已初步形成体系。借助联合国教科文组织和世界银行贷款培训项目，北京教育学院举办了多期全国微格教学研讨班，结合学科教学探讨微格教学实践，并有相关学术刊物定期出版。全国各地教育学院系统和各级师范院校不仅开展了微格教学的理论研究，设置微格教学理论课程和实践课程，而且着手编写了适用于不同层次教育工作者的培训教材和中小学各学科微格教学教材，同时各地积极开展并进行了大量的实践研究。特别是随着信息技术的迅猛发展，我国基础教育学校教育技术装备及课堂教学条件得到极大的改善；高等师范院校和各级教师教育培训机构也在教师职前培养方面加大投入，新建了具有先进设备的微格教学专用实验室；师范院校各学科各专业师生也将开展微格教学的实践活动纳入正规的教师教育课程体系中，从而建立和完善了教育学、心理学及学科教学论等课程的理论学习和各层次微格教学及教学技能专项训练的实践活动的两大主线。高等师范院校已将学科专业的教学技能训练作为学生职前教育培养的重要组成部分，充分利用微格教室等培训硬件设施，加大培训和练习的力度，并将微格教学中教学技能训练和考核与师范生教育教学实习紧密联系起来，积极探索具有中国特色的师范院校教师教育培养的课程体系和实践体系。

二、微格教学的过程和特点

（一）微格教学的过程

自从美国斯坦福大学的研究者提出微格教学这一培训系统以来，世界各国对于微格教学理论和实践的研究不断深入，逐渐形成了微格教学训练过程的系统模式，这个模式一般包括如图 2-1 所示的几个步骤①。

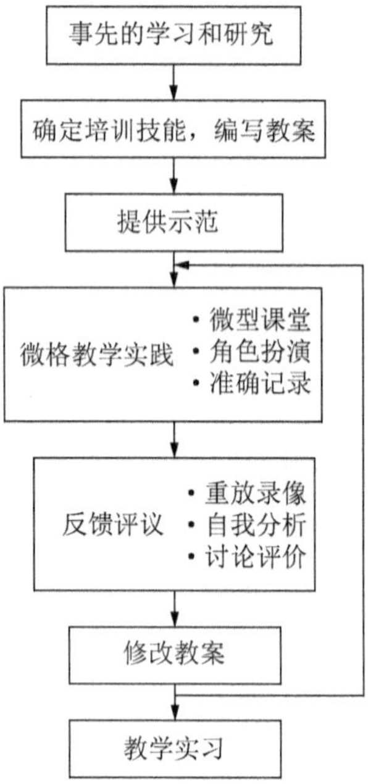

图 2-1　微格教学过程

1. 事先的学习和研究

进入微格教学训练之前，被培训者应当学习的内容主要包括教学理论、学科教学论的系统知识和学科专业教学设计研究，具体有中学物理教材分析的基本方法、教学目标分类研究、课堂教学观察方法、教学设计的理论和实践、教学技能分类的理论基础、课堂教学评价和学习者的特点研究等。

2. 确定培训技能和编写教案

微格教学是培训教师的课堂教学技能，把课堂教学分为不同的单项教学技能分别进行训练，每次只集中培训一二种教学技能，以便容易掌握。当被培训的教学技能确定后，被培训者就要据此选择恰当的教学课题，根据所设定的教学目标进行教学设计，并编写出较为详细的教案。微格教学的教案不同于一般的课堂教学所用的教案，它主要是从教师课堂教学行为的视角，考察整个教学过程教师运用教学技能的情况，详细说明教师的教学行为（即所应用的技能）和学生的学习行为（包括预设的反应）。

① 孟宪恺．微格教学基础教程［M］．北京：北京师范大学出版社，1992：2-5．

3. 提供示范

训练前，为了使被培训者明确培训的目标和要求，通常利用录像或角色扮演的方法对所训练的技能进行示范，便于师范生或被培训者对教学技能的感知、理解和分析。实践表明，录像、录音等音像资料的示范应以正面典型事例为主，以便树立好的学习榜样。

4. 反馈评议

反馈评议环节是微格教学的重要环节，主要包括以下几个方面。

（1）重放录像。为了使被培训者能够及时、准确地获得反馈信息，当角色扮演活动完成后要及时重放录像。教师角色、学生角色、指导教师和教学评价人员一起观看，进一步观察被培训者达到培训目标的程度。

（2）自我分析。反馈评议是被培训者的再学习过程。通过重放录像，教师角色扮演者首先进行自我分析，指导教师和“学生”角色的师范生一起讨论评议，检查实践过程中是否达到预定的教学目标和所培训的教学技能达到的程度，讨论存在的问题，指出需要改进之处和今后努力的方向。

（3）讨论评价。指导教师或教学评价人员也可在前面定性评价的基础上，通过评价表进行定量评价，以便实践过程中的师生相互分析。被培训者根据自我分析和讨论评议中指出的问题，为修改微格教学设计和教案指明方向。

5. 修改教案

经过上述反馈中发现的问题，被培训者进行反思，总结经验，根据指导教师及集体的建设性意见修改教案。若角色扮演比较成功，则可以训练其他教学技能，或重新进行角色扮演实践，进行微格教学的再循环。

微格教学模式的研究得益于行为主义教学设计的思想，即斯金纳（B. F. Skinner）所说的“小步子、循序渐进、序列化、学习者参与、强化、自定步骤”的程序教学设计原则，它使得教学技能的培养和训练得以在有控制的条件下进行。

（二）微格教学的特点

实际的课堂教学中，教师运用并展示的教学技能往往是以综合的形式出现的。微格教学的基本思想是将复杂的教学过程进行科学的细化，重点突出教师运用的某一二种教学技能，然后应用现代视听技术，对特定的教学技能进行训练，逐项地学习、示范、训练、评价，不断提高和完善。当每种教学技能都达到要求以后，再结合适当的教学课题，把相关的教学技能综合起来，形成整体的课堂教学能力。与传统的培训方式相比，微格教学主要具有以下特点：

1. 理论联系实际

微格教学的实践过程是被培训者将教育学、心理学、学科教学论的理论应用于教学实践的操作过程。教学准备、教学示范、教案编写、角色扮演、分析评议等一系列活动中都充分体现理论指导的作用，通过实践活动使理论与实践紧密结合起来，能够有效地激发学习者的学习兴趣。

2. 目标明确

根据培训的目的和要求，被培训者开始训练的教学技能比较单一，训练目标可以制订得更加具体明确。同时，由于角色扮演的情境创设更易控制，不仅有利于判断培训目标是否达到以及达到的程度，还能及时找出他们在训练过程中的不足。

3. 内容集中

微格教学将复杂的教学过程中教师所运用的教学技能细分为容易掌握的单项技能，如导入技能、讲解技能、提问技能、演示技能、板书技能等，要求被培训者在规定的时间内练习一二种特定的教学技能，再把这些技能的细节放大，反复练习，细致观察和研究……如此这般，集中对某一种教学技能加以练习和讨论研究，更容易收到技能训练的预期效果。

4. 反馈及时

一节微格教学训练活动结束后，被培训者可以通过重放录像及时了解自己的行为过程，通过自我分析，肯定成绩，找出教学实践中存在的问题，明确自己的努力方向。同时在相互讨论中，可以把有争议的片段用暂停、重放等方法，突出需要解决的问题，起到在教育自己的同时，也能够教育和启发他人。

5. 认识自我

微格教学利用现代视听技术设备作为记录手段，真实而准确地记录了教学的全过程和一些细节内容，被培训者则可以作为“旁观者”，通过实录来观察自己的教学活动和教学行为。在对自己有一个全面认识的基础上，通过与指导教师或其他被培训者的讨论，能够更好地认识自己，真正实现从思想和行动上进行改进和完善。

6. 角色转换

被培训者在教学技能训练的实践活动中，经历一个从学习者到实践者，从执教者到评议者不断转换角色的过程，经历着理论到实践再到理论再实践的过程，这无疑会促进教师职前培养和在职培训模式的转变，更有利于教师专业化发展。

微格教学实践过程中，“教师”角色、“学生”角色、指导教师及教学评价人员组成一个相互学习、相互交流的良好环境，被培训者可以根据同伴和指导教师的意见，完善并改进自己的教学设计方案，或在学习过程中借鉴他人的成功经验，逐步加深对某一教学技能的认识和理解，丰富教学技能的应用方法，有助于师范生尽快掌握和运用某一教学技能。与此同时，这种练习方式如果不成功，也不会对扮演学生角色的听课者产生不良影响，不必担心影响中小学校的正常教学；科学的训练方法再加上师范生刻苦地练习，也有助于增强师范生的自信心，减轻他们在学习和训练中的心理压力。

当然也应当指出，微格教学和教学技能训练不能代替教师教育职前培养教学实习这一重要的实践环节，同样也不能代替传统的师范生教学见习和备课、试讲等活动。从目前师范院校教师教育发展的趋势看，微格教学和教学技能的训练效果仍不尽人意，甚至在最基本的教姿、教态和板书练习上都不令人满意，原因是多方面的。我们认为，这其中最为关键的是在教学技能训练等实践活动的各个环节上均存在训练时间不足、练习效率低下、缺乏正确指导、训练强度不够、理论与实践脱节、师生投入不足等问题。而这些也绝非微格教学和教学技能训练所固有的问题，显然仅仅通过微格教学实践和教学技能训练无法解决，微格教学和教学技能的理论研究和实践活动不能解决教师培养和培训中的所有问题，这不仅是一个认识问题，更是一个思想观念问题。

第二次世界大战后，由美国掀起的全球范围内第一次科学课程和教学改革，不仅涉及理科课程和教学中亟待解决的众多问题，如课程设置、教材建设、教学管理等，同时也包含对课堂教学的研究和教学方法的改革。此次美国理科课程的改革，在提高中学物理教学水平和质量方面的确起到了一定的作用，但客观地说，并未能达到预期的目标。当然，原因是多方面的，如师生对理科革新教材的适应性问题、课程和教学改革中教师的培训问题、教师参与教学改革的投入问题等。

如果从教师培养或教师课堂教学技能研究的角度看待此次理科课程和教学改革活动，有一点是可以肯定的，即世界各国开始重视理科教师的培养，开始意识到无论理科课程设计得多么完善、课程内容多么完美、科学探究活动组织得多么精心，没有教师的执行这一切都只是“理想”的设计。那么，如何才能培养出合格的理科教师？此次课程和教学改革中，美国在教学技能方面的开创性研究，给我们提供了一个可以借鉴的研究平台，使得我们能够有机会重新审视课堂教学。在观察和研究中学理科课堂教学实际的基础上，从教师课堂教学技能运用入手，研究中学理科课堂教学的规律，进而探寻中学理科教师的培养方法和模式，科学、合理、规范地培养能够在教学实践中贯彻课程改革基本理念的高水平的教师队伍。

第二节　微格教学理论依据和研究对象

我们熟知的传统意义上的师范教育中，最能体现教师专业特点的课程主要是教育学、心理学和各专业的学科教学论等师范类教育课程。教育学、心理学是揭示一般的教育教学规律和学生学习、发展的心理规律的基础理论，对教育教学的实践给出一般的原则和方向指引，是指导教学实践活动的理论基础。对于专业学科教师的培养，直接针对具体教育教学实践活动的是各专业学科教学论课程和专业课程，它们是保证课堂教学科学性的基础。

随着时代的发展，当下教师教育无论是理论还是在实践方面都较传统的师范教育提升了一个台阶。与师范教育的实践相比，教师教育课程的研究对象仍旧是较宏观的课堂教学活动，而活动的最终目的则直指培养师范生综合的教学能力。实践表明，师范生在形成综合的教学能力之前，需要掌握一些基本的教学技能，这是教师教育职前培养的关键，也是师范生走向工作岗位，顺利开展课堂教学工作的基础和条件。

不论基础教育中学科领域、科目和课程是文或是理，是综合课程、学科课程或实践课程，如果我们将注意力放在课堂教学上，就不难发现教师在课堂教学中都是运用一些能够分辨的、清晰的、可以解释和说明并能够被模仿的教学技能。之所以有必要研究课堂教学技能，一是课堂教学一定是有规律可循的，教师的课堂教学技能是可以通过学习和培养、培训获得的；二是我们通过各学科的课堂教学活动，尤其是当我们观摩和学习优秀教师的课堂教学时，发现所运用的一些教学技能是具有共性的，如教师清晰的讲解、规范的演示、优美的板书、抑扬顿挫的语调、环环相扣的提问……

一、微格教学的理论依据

应当清醒地看到，课堂教学活动是复杂的，而从教师教学技能的角度进行研究是有益的。从技能形成和发展的角度，我们认为在形成综合教学能力之前系统地训练和培养教学的基本技能，是一种行之有效的方式。用微格教学的方法培养和培训教师，不仅可以使被培训者更加清楚地认识课堂教学的过程，同时这种认识方法也符合人类认识事物的规律。

从上述微格教学过程的六个步骤可以看出，微格教学过程可以分为观察、训练、反馈和评价四个主要阶段，每一个阶段都有相应的理论做指导。

（一）观察示范能获得较大的信息量

示范是对重要事实、观念、过程的一种形象化解释。在实施微格教学之前，为被培训者提供各种风格和特点的教学示范，辅以对各种教学技能的解释和说明，使他们获得直观的感受和认识。同时，使得学习者在掌握较为复杂的、具有一定综合程度的教学技能之前，首先通过直观的、单一的技能学习，有了模仿的样板。实施微格教学过程中，被培训者可以通过观摩他人的微格教学实践活动，体验实践环节的经历，学习他人处理同一问题的思想和方法，也可以通过学习者之间的相互交流，加深对某一具体教学技能的理解和认识。这种通过视听观摩和观察、交流相结合的方式，能够使接受者获得更大的信息量，对教学技能实践有着直接的感性认识，比起传统的主要用语言文字描述的方法更为有效。

（二）技能训练是掌握较复杂活动的途径

微格教学活动中，教学技能的学习和练习同样可以分为理论和实践两个方面。教学技能是教师在教学中顺利地达成教学目标的一系列有效的教学行为方式，是智力技能与动作技能的综合体现。教师教学技能的理论基础是依据教学理论而形成的，这其中智力技能起着支配和调节作用，而动作技能则是具有特定的操作规程和技术要领的操作行为，这种行为方式具有可视性、程序性和可测量性。[①] 因而，通过微格教学实践，被培训者经由示范、观察、角色扮演、录像等形式，逐步形成对实践活动的感官印象，并在此基础上结合智力活动，获得指向活动的动作技能。动作技能的形成需要经历从掌握局部动作到初步掌握完整动作阶段，再到动作协调和完善阶段的过程，这个过程是以诸多不同的单一的基本动作构成的。由于教学技能的训练在微格教学中首先是以单一的教学技能训练进行的，当每一种教学技能掌握之后，再把它们综合起来，形成较为完整的课堂教学活动。

---

① 胡淑珍．教学技能［M］．长沙：湖南师范大学出版社，1996：1-2.

（三）通过反馈能使培训者尽快达到培训目的

微格教学活动中的反馈是一种即时反馈、适时反馈，它对于被培训者学习和掌握教学技能十分重要。从前面介绍的微格教学的过程可以看到，整个训练过程是一个有控制的、可以调节的过程。这些来自不同方面的反馈，可以来自指导教师，也可以来自同伴，还可以通过观摩录像获得。这使得被培训者能够对照培训目标，客观地分析和调整自己的教学行为，从而尽快地达到培训目的。

另一方面，教学技能的综合、协调和完善的过程较为复杂。各种技能的有机融合并非是一个简单的过程，反复的练习和实践需要与这种即时反馈结合起来。

（四）定性与定量评价相结合，客观准确

微格教学根据有关学习理论把教学技能按目标分类，制定标准，明确某一教学技能的功能、目的和定义。被培训者结合自身特点，选择某一教学技能进行训练，通过定性和定量相结合的方式对其完成情况进行自我评价和小组评价，在肯定成绩的同时，指出其需要改进的地方，借以实现被培训者的强化和内化，这种分析和评价具有较强的可操作性。

值得注意的是，微格教学实践活动中指导教师肩负重任。作为教学实践活动的组织者和指导者，负责练习和培训工作的指导教师具有丰富的培训经验，熟知中学物理课堂教学情况，对教师应当具备的基本教学技能了如指掌。只有在每个环节都做到位的情况下，结合学生或被培训者的实际情况，才能取得好的效果。

观察示范阶段，教师应当为学生或被培训者提供正面的素材，以引导学生明了一个规范的、值得学习和借鉴的教学技能应当是什么样的，从而能够使学生在之后的分析和讨论中，学会识别所培训的教学技能练习中的优点和不足，也有利于学生改进和完善自己的培训任务。

单一的教学技能的学习和训练，同样需要充足的时间保障。任何一项技能的掌握都必须经历熟能生巧的过程。通过反馈来进行学习和训练，不仅体现了微格教学的特点，也反映这种反馈仍然应当在教师的指导下进行，结合教师和学生对培训过程的定性和定量评价，以便尽快达到培训目标，顺利完成培训任务。

二、微格教学的研究对象

微格教学作为培养和培训教师掌握课堂教学技能的一种有效方法，其研究对象应当是

研究各专业各学科课堂教学技能的行为模式和有效的教学技能训练程序，以及某些较为复杂的教学专题。[①] 其中课堂教学技能是微格教学研究的核心问题。北京教育学院微格教学课题组经过多年的研究和实践认为，根据不同的教育教学思想可以提出各种不同的教学技能，但要符合训练的要求则必须满足一定的条件：

（1）教学技能模式必须是对教师课堂教学行为的描述，而不是对教学提出概括性的原则要求。技能模式应该回答“做什么？怎么做？为什么要这样做”的问题，应该具有较强的可操作性，通过对教学活动的观察能够具有鲜明的示范性，并在实际教学活动中具体体现。

（2）教学技能模式中的教学行为，应该是课堂教学中的基本行为，而不是宏观的、综合的教学行为。中学物理课堂教学活动中，教师运用的教学技能虽然是以综合形式出现在观察者和学生面前，但仍旧是以基本的教学技能综合和组合起来的。

（3）教学技能模式应该是依据教学活动的行为方式、特点和教学功能的特点对一类教学行为的概括。一种教学技能中的教学行为，在行为方式和教学功能方面具有某种共性。各项教学技能之间有比较明确的界定。具有共性的一类教学行为便于集中描述、示范和模仿，可构成基本的、稳定的教学行为模式。

（4）教学技能操作规则系统的基本要求，应由相关的教育教学理论来说明，能够体现理论对实践的指导作用，实现教学技能的教学功能。

（5）每项教学技能应具有明确的培训目标和可观察的具体评价标准。培训目标是教学技能活动的预设目标，或称之为达成目标。通过多次实践活动，能否达到预设的目标，应当能够运用定性和定量分析和评价给予确定。

通过教学技能模式的研究，使微格教学逐渐形成一种有效的培养和培训方法，将被培训者对课堂教学技能的认识转化为一种内在的东西，从而促进对教学技能的理解和掌握。

三、微格教学是一种培训方式，更是一种思想观念

教师作为一种专门职业，从传统的教师观中“传道、授业、解惑”到今日的“教书育人”、促进学生全面和有个性的发展、肩负培养国家未来的希望使命的现代教师观，其职业的性质发生了巨大的变化，但有一点是肯定的，即与医生、工程师、飞行员和律师等职业一样需要专门的培训。2012 年，经过多次讨论和修订的《教师教育课程标准（试行）》

① 孙立仁．中学物理微格教学教程［M］．2 版．北京：科学出版社，2002：3-4.

明确指出，教师是学生发展的促进者，在研究和帮助学生健康成长的过程中实现专业发展。教师教育课程应引导未来教师树立正确的儿童观、学生观、教师观与教育观，掌握必备的教育知识与能力，参与教育实践，丰富专业体验；引导未来教师因材施教，关心和帮助每个幼儿、中小学学生逐步树立正确的世界观、人生观、价值观，培养社会责任感、创新精神和实践能力。

教师是反思性实践者，在研究自身经验和改进教育教学行为的过程中实现专业发展。教师教育课程应引导未来教师树立正确的专业理想，掌握必备的知识与技能，养成独立思考和自主学习的习惯；引导教师加深专业理解，更新知识结构，形成终身学习和应对挑战的能力。

微格教学有助于打通教师职前培养和在职提高的专业通道。我们认为，微格教学的实践活动是连接教师培养的理论与实践相结合的关节点，是夯实教师职前培养的重要实践活动，教学技能的实践研究直指提升在职教师提高课堂教学能力的重要实践活动。从某种意义上讲，坚持和加强教师职前培养实践活动，对于基础教育事业的健康发展有着举足轻重的作用。

从教师专业发展的角度来看，接受正规的专业训练同样是专业发展的必要前提。微格教学中教师职前培养应当有一个明确的要求，相关的理论学习和实践活动对于一个专业而言应当是必不可少的，这不仅是专业或行业职业发展的需要，也是对该专业领域的一种尊重。

第三节　微格教学的实践

本节通过阐述在微格教学训练中的注意事项以及如何进行有效评价，以期把微格教学的实践真正落到实处。

一、微格教学训练的注意事项

物理微格教学的教案编制完成后，需要受训者依据自己的设计去具体实施。在实施训练的过程中要注意以下几点：

第一，关于分组。每个小组的人数不宜超过 15 人（最好 10 人以内，以提高受训者的训练频率)。考虑到学生个性差异，可以让学生自由组合比较容易调动他们的积极性。

第二，关于备课。提前一周通过网络工具（QQ群、微信等）给每个学生布置训练课题和训练项目，内容尽量涉及中学阶段所有课题（地毯式扫荡），这样可以让不同学生备不同内容，每个学生通过自己备课和观摩别人教学内容，尽可能多地熟悉中学物理教材。

第三，关于训练时长。每次每个受训者试讲时长控制在15分钟以内，当然不同技能训练时长是有差别的。例如，课题引入的时长一般控制在5分钟以内（若是实验方式引入可以稍长），说课技能的训练时长也可以控制在5分钟左右，但若是进行某个知识点的展开技能的训练其时间就可以在10～15分钟之间。这样可以在短时间内对某一、两项基本教学技能进行重点训练。否则，每次微格教学参训人次少，效率低；听评者容易疲劳，注意力不集中，评价效果不好。

第四，关于训练内容。教学内容和训练的技能要有机地结合起来。不能为教内容而教，也不能为显示技能而教。每次训练的技能限于少数几项，而不要求多求全。比如在进行课堂教学的展开技能训练时，学生可以选择利用多媒体辅助来就某一个知识点的展开讲解，也可以利用板书板画来展开。

第五，关于评价与反思。每次试讲完后，应进行认真评价，首先让受训者自评，然后由别的学生评价（互评），最后才由老师来总结点评。注意评价要围绕是否凸显了要训练的技能要素进行（如课堂引入的技能要素主要有：引起注意、提出新问题、激发学习兴趣等）。同时，当次的受训者还要在课后写反思笔记并作教案修改，准备第二次教学。

然而，要能准确评价、切实反思，必须要有较为全面的反馈信息。只有在教学实施过程中才能接受到学生的反馈信息，才能对自己设计的教学是否达到教学目标有一个真实的判断。

有经验的一线中学物理教师在教学过程中随时注意观察学生的“形体语言”。课堂上，大多数学生的注意力集中在哪里？教师的讲述或演示是否引起学生的好奇心？对教师的提问是否积极回应还是沉默木然？……这些，学生都会通过他们的面部表情、肢体动作，甚至交头接耳表现出来。如果表情焦虑或淡然，教师就会及时调整自己的教学，对原教案设计进行修正，或是增加例子，或是改变讲述、演示的方法等。另外，还可以通过中学生在课堂上实时完成的练习题单（或是学案）的情况来了解自己教学是否达到预计的教学目标，及时进行针对性地补救。

然而微格教学多为一个小片段的教学，少有针对整堂课的内容设计问题并采用练习题单形式收集反馈信息。并且由同组成员扮演的“临时学生”也很难模拟出真实中学生的各种面部表情等。如何让受训的学生及时收集教学反馈信息呢？实践中我们摸索出这样的做法：每个学生准备好五颜六色的卡纸牌，在上面可以事先写上代表你心情的话，如：没听懂；讲得好快；没看清楚；乏味想睡觉等。也可以在上面直接画一些关于表情的简笔画等，在听课的过程中，根据你的感受举出相应的卡纸牌，试讲者看到这些反馈信息后应努力做出相应调整。当然初次面对这种反馈信息可能很难及时做出调整，但会通过多次训练而有所感悟，越来越有教学应变能力。

总之，只有通过各种途径随时接受学生的反馈信息，才能及时了解学生对教学内容的理解和掌握程度，并通过不断修正教学过程以达到预期的教学目标。而在修正的过程里，自己的教学技能也就获得了提高。

二、做好物理微格教学的评价

任何技能的训练不是目的，提高技能水平才是目的。在微格教学的各环节中，很重要的一个环节就是评价，因为有了评价才可以考查受训者是否已掌握某种物理教学技能的要领，才可以帮助受训者有所改善，有所提高。

（一）评课的内容和方法的概述

在进行微格教学评价时，主要评价教学目标、教学内容、教学方法、教学过程、教学手段、教学的基本功、教学的效果。通过以上几个方面可以评定师范生对课程标准及教材的理解和掌握水平；师范生能否根据教学内容和实际选择恰当的教学方法；师范生要教给中学生哪些学习方法、培养中学生哪些方面的能力；师范生采用的教学手段是否合理有效等。这就涉及评价项目及评价内容，不妨提供表 2-1 让读者参考。

表 2-1　评价项目及评价内容列表

评价项目	评价内容
教学素质	1. 讲解内容无科学性错误，教学语言准确、精炼、明白、生动，对教学内容能做到深入浅出； 2. 板书内容简要，脉络清晰，字迹明显、工整； 3. 上课时情绪饱满，充满激情，能充分调动学生学习的情绪； 4. 衣着得体，教态自然；语言能娴熟，流畅清晰

续表

评价项目	评价内容
教学内容	1. 教学目的的明确程度，教学目标确定的适宜程度； 2. 教学能突出重点、化解难点； 3. 教学内容无知识性错误，能全面完成教学任务； 4. 教学的过程围绕教学目标展开，物理思维方法得到体现； 5. 教学设计科学合理
教学设计	1. 教学目标设计，主要从知识与技能、过程与方法、情感态度与价值观三方面设计； 2. 教学过程设计，包括组织教学、设计教学情境活动、学生的认知情况等方面的考虑； 3. 评价活动设计，包括课堂上的学生学习反馈情况（课堂练习、课堂提问等）和课后教学评价的设计（家庭作业、单元小测试、课外活动等）
教学手段	1. 灵活应用不同的教学方法组织教学，并对一些新的教学模式能进行尝试； 2. 演示实验操作规范、熟练，实验现象明显，实验的可视性、实验效果好； 3. 充分利用现代教学技术手段，给学生提供尽量多的物理表象，利于学生从形象思维到抽象思维的快速提升； 4. 对某些实验可以根据自己的需要进行改进，自制实验教具来辅助教学； 5. 对一些在实验室难以做成的实验，可制成CAI课件进行模拟； 6. 能有意识地主动开发和利用多种物理课程资源

（二）传统的微格教学评价方法

微格教学在评价被培训者教学行为时，遵循现代心理学与教育测量的理论，将教学行为进行分类，并制定标准，明确某一项教学技能的功能、目的和意义，由此制订出教学技能的评价表单，根据标准对教学技能的一系列行为进行评价。

传统的物理微格教学的评价方法有两种。

1. 分等评价法[①]

根据要训练的物理教学技能，确定一系列必须具备的技能要素，组成一系列评估的项目，让全部观摩者包括受训者和指导教师对受训者在实施过程中的表现给予评价。一种做法是把每项划分为7等。其中5、6、7等给予表现较好甚至优秀的评价；3、2、1等给予表现较差甚至表现失误的评价；4等是给那些在该物理微格教学片段里一时不能确定其是否有必要再表现或没有涉及的项目。即从1到7其认同度逐渐增强。另一种做法是简单地分成优、良、中、差四等。它是在既保证受训学员实施微格教学前都了解各项内容，又保

① 宓子宏. 物理教育学［M］. 杭州：浙江教育出版社，1992：232.

证全体参与评估者在观摩前都再次阅读了各项内容的前提下，让大家在观摩的同时作出等级评价。

在等级评价中，评价者可以是单纯的对受训者的教学情况进行定性分析，做出定性评价。定性评价通常是围绕受训者所训练的技能目标来进行的。由受训者（或指导教师）介绍技能训练目标，突出说明在训练中重点要训练的技能要素，列出相应的评价表单中的评价项目。对各项不给得分，只是给受训者各项相应的等级。其评价表单如表 2-2 所示。

表 2-2　××××技能分等评价表单

讲课人		评课人	
课题		日期	

评价项目	分等评价						
	完全不认同	←——→					非常认同
	1	2	3	4	5	6	7

对整个物理微格教学片段的评价：

在等级评价中，评价者也可以在定性评价的同时，对受训者作出定量评价。定量评价是明确各评价项目的标准，即制定出评价等级和权重，参评人员根据受训者的训练情况对各个评价项目逐一给出等级分，计算出等级分之和即为该次受训者的得分。评价表单的分数制订依据是模糊线性加权，即寻求适当的数学语言来描述教学行为的模糊性，从而表达了对教学模糊象的识别与判决，以达到对课堂教学科学的评价。

在传统的课堂教学技能的评价中，常采用定性评价和定量评价相结合的方式，这样可以提高教学评价的准确度，不会造成教学整体性和艺术性的偏失。其评价表单的格式如表 2-3 所示。

表 2-3　××××技能训练的评价表单

<table>
<tr><td colspan="2">讲课人</td><td colspan="3"></td><td>评课人</td><td></td></tr>
<tr><td colspan="2">课题</td><td colspan="3"></td><td>日期</td><td></td></tr>
<tr><td colspan="2" rowspan="2">评价项目</td><td rowspan="2">权重</td><td colspan="4">评价等级</td></tr>
<tr><td>优</td><td>良</td><td>中</td><td>差</td></tr>
<tr><td colspan="2"></td><td></td><td></td><td></td><td></td><td></td></tr>
<tr><td colspan="2"></td><td></td><td></td><td></td><td></td><td></td></tr>
<tr><td colspan="2"></td><td></td><td></td><td></td><td></td><td></td></tr>
<tr><td colspan="2"></td><td></td><td></td><td></td><td></td><td></td></tr>
<tr><td colspan="2"></td><td></td><td></td><td></td><td></td><td></td></tr>
</table>

补充说明：

成绩：__________________

________年____月____日

2. 量化、分析评价法

这是一种专门用来评价课堂教学中师生相互作用的方法。物理课堂教学中师生相互作用可以分为如下几种类型：

TL 教师讲解——描述、解释、举例、引导……

TD 教师演示——进行示范、演示。

TW 教师板书　　列提纲、板画……

TQ 教师提问——提出要求学生回答的问题。

TR 教师反应——接受或采用学生意见，对学生的反应作出评价，称赞、鼓励学生。

PR 学生反应——直接回答教师的提问，完成教师所要求的任务，如重复演示、小结等。

PV——学生自告奋勇地向教师提问或提出想法。

S——短时间的沉默。

X——不属于上述各类的情况。

评价时，每人备有一张如表 2-4 格式的记录纸。

表 2-4 物理微格教学中师生相互作用评价记录纸

讲课人										评课人				
课题										日期				
TL														
TD														
TW														
TQ														
TR														
PR														
PV														
S														
X														

在观察物理微格教学片段的同时，每隔 10 秒钟左右记录一次，判断该段时间内教学情况属于哪一类，便在该类空格里作记号。依记录情况可以分析出这一教学片段中师生相互作用的情况。利用它，通过统计，找出学生活动的比重和教师讲解的比重，若教师讲解时间超过该片段用时的 50%，属“满堂灌”。此外，这张记录纸还可以分析出该教学片段中，教学的大致情况。

3. 传统评价方式的优点与不足。

传统评价方式的优点：① 评价项目详细；② 各评价项目有量化标准；③ 等级和权重结合使评价客观；④ 不同评价人给出的百分制总分，可求平均分作为被评价人的成绩，便于横向和纵向的比较。

不足：① 该评价方式对评价人来说略显复杂，可能会为了评价而分散了对受训者教学的关注度，从而不能更好地学习和交流。② 不能很有针对性地提出改进意见。③ 学生对分数往往很敏感：过高，容易骄傲；过低，容易失去信心；不高不低，又不知所措。

(三)“2＋2”评价法

1.“2＋2”评价法

反馈评价中的“2＋2”评价法是由美国斯坦福大学艾伦博士提出来的。他认为一个人要在短时间内改进众多缺点是不可能的，所以每次受训学员的微格教学无论成功与否都只要指出两条主要优点让受训者保持，同时也只能指出两条主要缺点让他（她）改进。因此，所谓“2+2”评价法是指评价者对角色扮演者的活动各自独立地、具体地提出两条肯定性的评价和两条建设性的评价，角色扮演者根据自己的感知，从所有的这些建设性评价中只选取两条作为自己下一步的角色扮演的参照性建议。

值得说明的是，在实际训练过程中，应灵活掌握评价的方法，对受训者开始应以鼓励为主，在评价时可以采取“2+1”的方法，即两条优点，一条建议。

根据“2+2”评价法而制定的评价表单就比传统评价表单简单明了，主要是少了量化部分。下面列举“2+2”评价表单（表2-5）并作说明。

表2-5 ××××技能训练的“2+2”评价表单

讲课人		评课人	
课题		日期	
技能目标	（根据所训练的技能和内容拟定出相应的技能训练项目以供评价者参考）		
两条优点	① ②		
两条建议	① ②		

2. “2+2”评价法的优点和不足

优点：① 对角色扮演者以表扬、鼓励为主，提高自信心。② 减少了评价者评价时的复杂程度，增加了对教学本身的关注。③ 避免了对分数的敏感程度。

不足：难写出高质量的建设性的意见、难作量化分析，不便横向对比。

（四）基于网络交流工具的评价法

在网络和计算机普及的今天，基于新型网络交流工具的评价法也越来越受到关注。该评价法就是利用当下流行的、大学生普遍熟悉的网上交流工具，如QQ、博客（或是微博客）、微信等，在微格训练完后，大家在网上可以用别名（或是昵称）进行自评（教学反思）和互评，指导教师也在网上完成对学生的评价。用这种方式进行微格教学的评价具有其他评价方式不可替代的优势：① 符合年轻人喜好玩网络的特点；② 不用当面评价。当面评价往往使评价者有顾虑，会顾及受训者的心理接受能力和自尊，所以这种评价往往说好的较多，不好的不说或是很含蓄表达。而不当面评价（使用昵称评价）就使得评价更客观、更深刻，受训者更易接受。③ 网络交流功能多样化。学生可以随时上网，课前可以探讨教学的设计、技能训练的要素等。课后可以是自评、互评，还可以有自己的教学反思和第二次教学内容的改进方案等。甚至在课中还可以利用网络实时上传对受训者上课情况的反馈，并利用投影仪投影出来，受训者看到这些反馈信息后，力求做出相应调整以改善教学。当然，利用网络来评价是需要相应硬件支撑的。

基于网络交流工具的评价内容仍可以采用“2＋2”或“2＋1”方式。这种方式在国外已有较多研究，并在实际微格训练中采用。但在国内基本还是空白，大多数学校还是采用口头式评价，对于不认真记录的受训者而言其效果是会大打折扣的。

总之，物理微格教学必须强调个人、小组的深入讨论和评价。受训者通过大家的帮助，了解自己在主讲该教学片段中，哪些意图实现了，是怎样实现的；哪些意图没有实现，为什么没能实现；哪些地方有待进步，如何改进等。而且，深入细致地讨论和评议不仅对被评者，就是对评议者也是一种促进，势必也在思考：如果是我主讲，应当怎样处理，才能避免重犯类似的错误，才能使教学效果更好一些；或者，他主讲过程中哪些优点值得我学习等。

在观摩后认真开展讨论，深入而客观地作出评价，通过这项工作找出教学片段实施的优缺点和改进意见，这是其价值之所在。它是学好中学物理微格教学课必不可少的。

第四节　国外微格教学模式简介

一、斯坦福大学的“行为改变模式”

美国斯坦福大学是微格教学的发源地。艾伦和他的同事们经过数年的探索、试验、研究，在 1963 年确立了微格教学的基本模式，从此微格教学从美国迅速走向世界。斯坦福大学的“行为改变模式”主要特点如下。

1. 教学时间

微格教学实习片段的时间设定为 5 分钟，他们认为 5 分钟即可形成单一概念的片段课。实际上教学时间的长短是根据班级人数、课时安排、场地环境等多种因素而定的。

2. 微格教学的学生

微格教学由受训者的同伴扮演学生，模仿真实情景中的学生认知水平，对受训者的提问或讲解进行回应。目前，这种同伴训练方法已被证实是切实可行的，并在诸多场合使用。

3. 小组规模

艾伦认为若小组规模大到约 20 人，则要 19 人去听 1 人讲课，每人要听 19 次，这样的方式使学员听课过多，反而会使学员感到疲劳、抓不住重点，而且时间太长，使重教困难。他提出以 5 人小组规模开展活动，导师布置训练任务后，让学生自己管理。学生可以自选课题，自找实习场地，即使没有正规的微格教学室，只要有摄像机即可，还能实行重教。小组规模小，能使每个学员得到多次重教机会。

4. 教学技能

艾伦和他的同事们根据经验并参考有关的教育理论文献，以统一意见的方式提出 14 项课堂教学技能：

（1）变化刺激（stimulus variation）。

（2）导入（set induction）。

（3）结束（closure）。

（4）非语言暗示（silence and nonverbal cues）。

（5）强化学生参与（reinforcement of student participation）。

（6）流畅的提问（fluency in asking questions）。

（7）探查性提问（probing questions）。

（8）高水平组织的提问（higher order questions）。

（9）发散性提问（divergent questions）。

（10）确认（recognizing attending behavior）。

（11）举例说明（illustrating and use of examples）。

（12）讲演（lecturing）。

（13）有计划的重复（planned repetition）。

（14）交流的完整性（completeness of communication）。

5. 反馈与评价

微格教学训练的技能多达 14 项，若对每项技能有完整的评价表，评价项目多到有时连执教者的衣着也在评价之列，以至于在反馈时，执教者往往失去方向，抓不住重点。为此，艾伦提出了“2＋2”的重点反馈方式，即小组每位成员听完课后要提出 2 条表扬性意见及 2 条改进性建议，最后指导教师根据这些反馈信息，总结出 2 条表扬性意见和 2 条改进性建议。这种评价指导方式操作简单、目标明确、重教效果显著。

二、芝加哥大学的“动力技能模式”

美国芝加哥大学的高奇（Guiltier）和杰克逊（Jackson）等在 1970 年提出了“动力技能模式”，他们批评斯坦福模式“很大程度上忽略了各技能之间的关系和技能的恰当组织形式与某一特殊的教学情境的关系”。他们认为“教学是一种有目的的活动，技能在这种有目的的教学过程中的应用同样是重要的。在技能训练中，教学内容本身也需要同时考虑在内，这样才能使学生获得恰当的综合使用技能的决策经验”。

芝加哥模式考虑教学中的两个方面——教学内容和教师行为，强调在教学计划中依据学科内容，设计应用各项教学技能的教学过程。这样，教学技能（如强化技能、课堂组织技能等)作为子系统，而不是彼此孤立的行为来运用。麦可格瑞指出：“动力技能模式的基础是基于学科内容分析的系统化教学计划。它强调所训练的技能必须小心地编排到教学计划中，在课程逻辑结构中，师范生能够将教学活动集中于重要的师生相互作用中，在这个意义上教学技能被认为是促进中小学生学习的动力因素，提出这些师生间的相互作用，对于促进中小学生学习的逻辑发展是必要的。”

三、悉尼大学模式

特尼（Tumey）等在 20 世纪 70 年代初将微格教学引入澳大利亚的悉尼大学。他们开设的“悉尼微型技能”（Sydney micros kills）课程基本上坚持了“细分”和“可观察的行为改进”的斯坦福模式的做法，但作了一些改进。特尼指出：“教学是一个非常复杂的过程，对于刚刚开始从事这一职业的人来说，它需要被分解为有意义的和可获得的各个部分技能。这些部分是可观察的教学行为或技能，而且是建立在有效教学的基础上的。这些技能的构成表现为将复杂的教学过程分解为相对分立的、便于定义的行为，而且可以迁移到大多数的课堂教学中，并适合于各种有目的的不同组合。”

悉尼大学的微格教学是以教学技能的训练为主线展开的，教育思想和教育教学的理论及实验研究融合在各项教学技能之中。整个微格教学课程分成五个系列，前两个系列包括六项基本的教学技能，后三个系列是三项小综合式的教学技能。

系列 1：

（1）强化（reinforcement）。

（2）基础提问（basic questioning）。

（3）变化（variability）。

系列 2：

（4）讲解（explaining）。

（5）导入和结束（introductory procedures and closure）。

（6）高层次提问（advanced questioning）。

系列 3：

（7）纪律和课堂组织（treat classroom management and decipher skills）。

系列 4：

（8）小组讨论、小组教学和个别化教学（treat skills of guiding small group discussion，small group teaching，and individualized teaching）。

系列 5：

（9）通过发现学习和创造性学习，发展学生思维能力（deals with skills concerned with developing pupils thinking through guiding discovery learning and fostering creativity）。

澳大利亚的微格教学主要步骤如下：

（1）播放教学技能的示范录像，讲解教学技能的构成、有关理论知识及要求，帮助受训者认识教学技能，有重点地观察，用不同的类型示范同一技能，促进对技能的掌握。

（2）角色扮演，为受训者提供实践机会，增强自信心。

（3）反馈，为受训者改进自己的教学行为提供明确、具体的帮助。

（4）重教，当受训者对自己的教学行为非常不满意时才进行，对大多数师范生来说这一步可取消。

从上述步骤可以看出，澳大利亚的微格教学强调四个环节：示范、角色扮演、反馈和重教。没有列出评价这一环节，因为评价是贯穿于全过程中的，而且主要是启发学生自我评价，这正体现了尊重学生的教育原则。

悉尼大学对微格教学的开发应用及研究是很有成效的。

第一，开发出完整的微格教学教材。

悉尼大学开发的微格教学教材在世界上享有一定声誉，《悉尼微格教学技能》一书被许多国家采用。教材中列出的六项课堂教学基本技能——强化技能、基础提问技能、变化技能、讲解技能、导入和结束技能及高层次提问技能，每项技能都从教育学和心理学的理论出发加以论述，并且对每项技能都配以生动形象的示范用录像资料。

第二，重视学生的自我发展。

澳大利亚在学校教育中十分注意尊重每个人的个性，重视发现个人的特点，并给以引导发展，希望每个人都获得成功。学校教育对学生个性差异和心理健康发展颇有研究。在微格教学课程的第一周先安排每个学生在摄像机镜头前作一两分钟的自我介绍或表演，内容自选，轻松自然，然后让学生在愉快的气氛中观看评论。这样的活动既提高了学生对微格教学的兴趣，又使师范生消除了面对摄像机镜头的紧张心理，为扮演角色时的正常发挥打下良好的基础。

悉尼大学模式还在充分研究学生的认知心理基础上建立了微型观察室。例如，新南威尔士大学教育学院内的一组微型观察室，每间大小只有约 2 平方米，导师们考虑到师范生在角色扮演后，希望自己先看到自己的表演录像，或找一位最信得过的好朋友一起观看评议，而微型观察室正好仅供一两位学生闭门观看。受训者可以先与“好朋友”边看边商量，先听取他的看法和意见，在心理学上，这时的意见无疑是一个“强刺激”，是最容易接受的，也是印象最深的。根据这些意见，受训者先写出对自己扮演的角色的评价，这一做法充分体现了微格教学中重视学生自我发展的教育原则。

第三，自我评价贯穿微格教学始终。

悉尼大学的微格教学模式中，评价是很重要的。评价方式是贯穿于整个过程之中的。评价不是由别人来对某位学生的录像加以评论、分等级打分数，而是通过受训者自己在微型观察室中的观看，根据微格教学过程中各个环节的反馈及“好朋友”的反馈信息，自己来评价自己。导师经常以肯定、表扬为主，对存在的问题以提示、暗示等方式启发学生自己发现，最后让学生在评价单上做自我评价，做到的项目画记号，还没有做到的不画，再根据整个微格教学过程中来自各方面的反馈信息认真地写自我评价，从而提高学生的教学技能和教学实习效果。

四、伍斯特大学的“社会心理学模式”

20 世纪 60 年代末微格教学引入英国时，当时的一些模式已受到了一些批评。斯通斯

(Stones) 和莫里斯 (Morris) 指出:"微格教学的目的和作用需要重新澄清，应该将方向转移到加强教学理论与教学实践的联系上来。"他们认为:微格教学是一种有价值的革新，比一般的教学有更大程度的可控性，所以强调理论与实践的关系可以挖掘出更大的潜力，可以使受训者掌握教学模式。

莫里斯等发现，有社会能力的教师在教学中表现得更为突出，并从社会心理学的角度看待教学，认为教学是一种社会活动技能，教学依赖于人际关系和师生间的交流。于是将社会心理学的观点引入微格教学，首先对教学中的社会技能进行定义，并且对受训者进行分技能的训练，然后将各项社会技能综合在一起，整体地运用到完整课的教学中。

布朗 (Brown) 在 1975 年将这一模式引入了伍斯特大学，哈奇 (Hargie) 于 1977 年在伍斯特大学进行了这一模式的微格教学。他们认为微格教学需要集合三个方面的要素:计划、角色扮演和反馈认知。

(1) 计划:通过课堂讲授和小组研讨来学习，受训者学习如何将一个课题分解为各个概念成分，并将其组织成一个序列;选择合适的教学方法。

(2) 角色扮演:首先是训练斯坦福大学模式中的各项技能，如提问、强化、刺激变化、讲解、导入和结束，然后把各项技能综合起来运用到完整课教学中。

(3) 反馈和认知:受训者与指导教师一起讨论微型课的录像，使受训者学习在与中小学生相互作用时自己所应充当的角色。这种对师生相互作用的认知将使师范生的教学行为得到改进，并影响序列计划和完整课的教学行为。取消了重教，但受训者在微格教学的各个环节都要进行充分的讨论。

哈奇还强调了与技能相关的理论的重要性，各项教学技能的教学不仅提供音像示范，而且还要说明依据人际关系社会心理学所建立的各项技能的理论基础，这样才能使师范生不仅知道如何应用技能，而且还知道什么时候使用它。微格教学不只是关于行为的改进，而且也应该是关于认知结构的改进。

由于伍斯特大学在微格教学中强调技能的综合应用，强调受训者在微格教学中形成对教学的认知结构，以及依据社会心理学，强调在微格教学中的人际间相互作用的情感因素，所以教学技能只是作为微格教学课程的组成部分而没有单独列出来进行训练。

现将他们的微格教学的课程介绍如下，从中可以分析出他们所重视的教学技能成分:

(1) 微格教学的理论 (以学员小组的组织方式) [micro teaching (group organization)]。

（2）教一个概念（设备操作训练）[teaching aconcept（equipment operation）]。

（3）教学计划（教学员小组中的同伴）[lesson planning（teaching peers）]。

（4）导入和结束（教实际的学生）[set and closure（teaching pupils）

（5）教师解释（教实际的学生）[teacher explanation（teaching pupils）

（6）教师的生动活泼（教实际的学生）[teacher liveliness（teaching pupils）

（7）学生强化（教实际的学生）[pupil reinforcement（teaching pupils）]。

（8）学生参与（教实际的学生）[pupil participation（teaching pupils）]。

（9）提问中的流畅（教实际的学生）[fluency in questioning（teaching pupils）]。

（10）高水平组织的提问（教实际的学生）[higher order questioning（teaching pupils）]。

（11）综合的教学技能（教实际的学生）[integrating the skills（teaching pupils）]。

（12）师生相互作用，环境要素（教实际的学生）[teacher pupil interaction，environmental factors（teaching pupils）]。

注：最后两项内容是以综合教学技能的形式设定的。

五、斯特林大学的“认知结构模式”

1969年，斯坦福大学的微格教学模式被引入斯特林大学，经过几年的实践和研究，麦克因泰尔（McIntyre）等于20世纪70年代中期提出了“认知结构模式”。

他们发现斯坦福大学模式中的技能描述和反馈评价只停留在技能行为上，只能给师范生若干个作为假定的教学技能的特殊教学行为方式。然而，在这些特殊的教学技能的有效性方面存在着相当程度的不确定性。在课堂教学的经验性研究中，相关的心理学理论和有经验教师的一致意见只能当作合理化的建议，而不是权威性的评价表述。于是，在斯特林大学，这些教学技能只是作为教学大纲的组成部分，而不是作为理论基础。

斯特林大学的研究者认为，受训者关于教学的认知结构在他们的教学活动中起决定性的作用。技能训练和反馈的重要性在于使受训者的认知结构发生改变，这种改变是通过将各项技能中的认知概念有机地结合在一起而形成的。在研究的基础上，他们对受训者在微格教学中认知结构的形成过程进行了如下的推论：

（1）在进入微格教学之前，每个受训者都具有彼此不同的复杂的教学概念的图式（schemata），这些图式与对教学的评价有很大的关系。

(2) 个人的图式之间存在着较大的差异，但将这些图式与教学内容体系相结合，仍然存在很多的共同之处。

(3) 这些图式表现出较高程度的稳定性，但通过微格教学的学习和实践，可从中获取新的结构和概念原则，这些图式将会逐渐发生变化。

(4) 受训者的这些图式很大程度上控制着他们的教学行为，并且图式的改变导致教学行为的改变。

建立在这些推论基础上的“认知结构模式”将微格教学对受训者所起的作用解释为使受训者的教学认知结构产生变化，并帮助他们形成自己的作为教师的概念结构。为此，他们强调教学技能应该用“可组织的概念”这些术语来定义，这些术语可以描述由复杂的课堂相互作用所产生的信息过程，而不是由可描述的教学行为来定义教学技能。受训者可以运用这一概念结构，对在教学中什么时候应该用什么教学技能进行决策，并能帮助他们在实际教学活动中感知教学技能，从而形成对技能表现的价值评价。技能示范可以帮助受训者将各项技能的概念有组织地纳入他们的认知结构中。微格教学中的反馈可以提供受训者现已存在的教学认知结构的信息，从而改进和扩充这一认知结构。

六、对各国微格教学模式的分析

由于各国各大学进行微格教学的培养目的都不同，所依据的理论观点和理论基础也不同，因此，各微格教学模式之间都存在着一定的差异：

(1) 斯坦福大学所开展的微格教学是建立在对宏观教学活动的分解，以及进行行为描述的基础上，强调在有控制的条件下对单项技能的训练，强调音像示范和反馈评价的作用。

(2) 芝加哥大学的微格教学强调教学技能应实现教学目的、发挥教学功能，他们认为斯坦福大学模式在这方面所存在的缺陷，是由于技能训练没有很好地与教学内容相结合，未能系统地综合应用各项教学技能，所以他们强调将各项技能作为子系统经过结合应用到教学中，并强调在应用技能时与教学内容结合在一起进行系统分析，在这种系统计划中获得应用技能的决策经验。芝加哥大学微格教学的目的是在完整课的教学中培养结合教学内容、综合应用各项教学技能的决策能力和实践能力。

(3) 悉尼大学所开展的微格教学仍然强调对宏观教学活动的分解和对可观察的教学行为进行描述，但对教学技能中的行为在有效性方面进行了较深入的实验研究，使所提出的教学技能满足澳大利亚教育工作者对师范教育的理论观点和实验研究的检验；强调了基于某些教学观点的几项小综合型的教学技能训练，并通过控制实现从单项技能到小综合技能训练的过渡。

(4) 伍斯特大学微格教学是先进行分技能的训练（同时强调控制变量），后综合到完整课教学中；强调用社会心理学作为各项技能的理论基础，以此来保证技能应用的有效性；在完整课的综合应用中，强调以社会心理学为基础，通过计划决策和实践形成认知结构。可以看出，伍斯特大学微格教学的培养目的是建立以社会心理学为基础的课堂教学综合能力。

(5) 斯特林大学针对斯坦福大学微格教学模式中的技能行为描述在有效性方面存在的不确定性，提出用心理学理论和成功的教学经验的概念来描述技能，并形成对技能的价值评价；强调了内部心理机制对外部教学行为的调节和控制作用。认为微格教学主要是通过改进认知结构来实现对教学行为的改进，并认为认知结构的改进是通过各项技能中的认知概念有机结合在一起而形成的，认知结构可以促进应用教学技能时的决策能力，促进在实际教学中感知教学技能，从而形成对技能的价值评价。由此可见，斯特林大学微格教学的目的是在综合应用各项教学技能的实践中建立教学的认知结构。

综上所述，可以看出各国开展微格教学的情况虽不尽相同，但斯坦福模式中的教学技能成分和体现科学方法论的一些做法在各国的微格教学中基本上被保留了下来。同时，各大学在对斯坦福大学模式进行改进时所共同关心的问题，即这些改进或发展很大程度上都源于对行为描述的教学技能，发现其在教学中的有效性存在着很大程度上的不确定性，从而使实施技能时的目的性和在评价中的价值判断出现困难。但各大学对这一问题解决的方法是不同的，在保证教学技能的目的性、有效性和价值判断方面。芝加哥大学是强调技能与教学内容的结合，从教学内容的系统分析上来实现的；悉尼大学是通过对所提出来的技能行为进行实验验证来实现的；伍斯特大学是从师生相互作用的角度，强调以人际交往的社会心理学理论作为教学技能的理论基础来解决技能价值不确定的问题；斯特林大学强调用心理学和成功教学经验的概念原则系统作为技能的理论基础，从而保证技能应用的目的性、有效性和价值判断。

对斯坦福大学模式的发展还表现出将各项教学技能综合应用到完整课教学中的趋势，某些大学已经把微格教学深入综合教学能力的培养这一较为广泛的领域。对于“综合教学能力”的理解和所依据的理论观点，各大学有较大的差异，但各种综合应用教学技能都是建立在对各技能成分的训练的基础上，或建立在对宏观层次的教学活动分析的基础上的，这一点又是比较一致的。

第五节 物理教学技能微格教学模式

微格教学自20世纪80年代中期进入我国后，先后在一些教育学院以及高等、中等师范院校和许多中小学展开了积极的研究和实践，并进行了广泛的交流。起初研究和实践主要集中在吸收、借鉴国外微格教学的做法，并在实践中改进、移植到自己的微格教学中，使其成为发展我国师资培训教育的有效方式。

我国许多师范院校的实践表明，“微格教学”作为师范专业教学技能训练的一门必修课程，若只针对单一的教学基本技能开展训练往往缺乏实效性和可操作性。一方面是由于课堂教学的过程是教师的教学技能综合展现的过程。例如，在讲解某个物理概念时，至少需要：演示技能——利用多种手段演示物理现象，语言技能——形象生动地描述现象，变化技能——分析讨论与相关概念的区别和联系，板书技能——帮助学生厘清教师讲解的脉络……另一方面是由于必修课程的课时限制，“微格教学”课程通常设定的是2学分（36课时），这些课时远少于开展教学训练所需的课时数。

在理论和实践的基础上，部分高师院校结合当前师范生课程设置，将师范生的教学技能训练分两阶段进行：

一是师范生入学阶段的基础训练（大学一、二年级），由专业教师、辅导员、班主任和学生会组织开展单项基础技能训练和竞赛，如“三笔三话”竞赛、教学技能大赛、中学实验操作技能竞赛、多媒体课件制作竞赛等，以赛促练，促进师范生从教基本功的发展。

二是师范技能综合训练阶段（大学三、四年级），开展教学技能微格综合训练和教育实习。通过必修课程的形式，由专业教师带领师范生开展技能综合训练。

在物理教学技能的训练过程中，提出了“微格综合训练”的方案，即在有限的课时中，根据中学物理课堂教学实际，围绕课堂教学导入、讲解、结束等教学环节，实施5～10分钟的片段教学训练。在每个教学环节中设计若干典型训练课例，按照微格教学的训练模式，综合训练各项教学基本技能。

具体实施流程如图2-2所示。

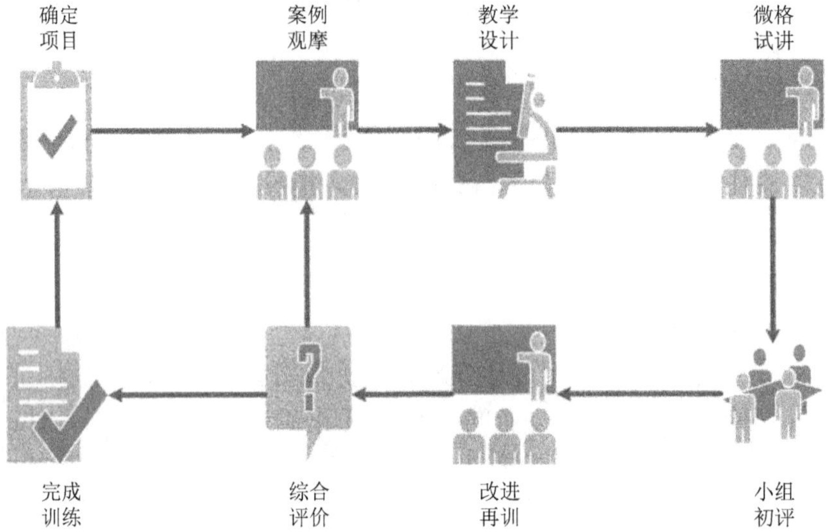

图 2-2　微格综合训练具体实施流程

根据学期教学计划，指导教师选择适当的训练项目和内容开展训练。例如，选择“自由落体运动”开展导入教学训练，选择“滑动摩擦力”开展概念讲解教学训练，选择“牛顿第二定律”开展实验教学技能训练，选择“平抛运动”开展练习教学技能训练等。所选的训练内容应能够覆盖所有教学技能训练的需要。

在每一项训练中，按以下六个步骤开展训练：

行动一、案例观摩技能研讨。

行动二、教学设计准备训练。

行动三、微格试讲技能训练。

行动四、视频回放小组评议。

行动五、反思改进再训提高。

行动六、综合评价整体发展。

1. 行动一，案例观摩技能研讨

指导教师根据师范生实际情况，选择本书配套案例或自己收集的针对性强的教学视频案例资源，供师范生观摩研讨，以便师范生模仿学习、了解各项教学技能的使用。

在选择示范视频案例时要遵循两条原则：一是案例表现出来的技能水平要高，二是技能展示针对性要强。示范的水平越高，学员的起点就越高；针对性越强，该技能的展现就越具体、越典型。因此，所选案例一般长度在 5～10 分钟，重点观摩 2～3 个基本技能。

在观看示范视频案例时，指导教师要先提出具体要求，明确目标，突出重点，边观看边提示。提示时要画龙点睛，简明扼要，不可频繁，以免影响学员观看和思考。

例如，在观摩“滑动摩擦力”讲解教学时，可以要求学生思考：

授课教师是如何引导学生猜想滑动摩擦力与哪些因素有关的？（提问技能的展示）

授课教师是如何在各个影响因素探究之间自如切换的？（变技能的展示）

授课教师将多媒体应用在什么地方？这样做好不好？（多媒体的展示）

技能分析：师范生在观摩的基础上，讨论分析各项教学技能在实际教学中的应用，特别是如何通过教学技能的应用，达到优化教学效果的目的。

在此阶段，指导教师可以组织小组成员由浅入深地分析。例如，先各自谈观后感，然后引导小组成员围绕某几个技能深入讨论、要点模仿。指导教师还可以亲自示范或提供反面示范，对学员理解教学技能也会起到十分重要的作用。

2．行动二，教学设计准备训练

师范生模仿教学案例，围绕若干教学技能开展微格教学设计。师范生在深入分析示范案例的基础上，重点应该考虑教学技能的运用。要正确运用教学技能，对该教学技能的钻研是先决条件，指导教师要正确引导学习者钻研教学技能的理论，联系教材，把理论用于实践。

特别注意的是，学员在设计训练教案时，不要被某个基本技能如何应用所困扰，在完成初步设计以后，再开始分析：我要怎么做才能讲好这个教学活动？

下面通过一个例子介绍“行动二”到“行动六”具体实施过程。以下案例是某学员行动二的微格教学设计方案。

案例1　水平面内圆周运动的实例分析

讲课人	许小强	学号	201802012027	日期	2020年9月5日
教学课题	水平面内圆周运动的实例分析			教学环节	教学导入
教学目标	1．知道生活中水平和竖直圆周运动现象。 2．能够对水平面内圆周运动进行受力分析，知道向心力的来源				
技能训练目标	1．语言技能：能用恰当正确的语言将知识点讲细讲透，科学剖析问题，从解决圆周运动问题的基本思路及一般步骤出发，教学生如何解答水平面内的圆周运动问题。 2．板书技能目标：书写工整，能够边讲边书写，借助副板书启发引导学生思考，调控课堂进程。 3．强化技能：教给学生分析问题的方法，并在练习中巩固知识和解决问题的方法				

续表

时间分配	教学过程	技能分析
1分钟	播放赛车事故视频，要求学生观察“赛车通常是在什么地方发生事故”。 学生通过观察发现，赛车一般都是在弯道和上下坡处翻的车	【演示技能】多媒体播放生活中常见的赛车视频，并设置问题情境，制造了学习气氛，引导学生观察分析赛车在什么地方容易发生事故
2分钟	在黑板上画出转弯和上下坡时的轨迹，提问学生出事故地方的运动轨迹有何共同点。 教师总结，汽车水平转弯和上下坡时可以近似看成圆周运动，水平转弯可看成水平面内的圆周运动，上下坡可以看成竖直面内的圆周运动。 提示这节课主要学习的是水平面内的圆周运动	【板书技能】教师在黑板上画出轨道，边画边讲解，让学生更加清楚转弯和上下坡时轨道的共同点，从而使学生了解到可以用圆周运动的相关规律解决汽车转弯和上下坡问题，并为接下来在图形中分析向心力问题打下基础
3分钟	引导学生回忆之前学习过的圆周运动的规律，回顾向心力的表达式。 复习解决圆周运动问题的基本思路及一般步骤。 （板书） 1. 画轨迹； 2. 找圆心、半径； 3. 受力分析； 4. 确定向心力。 要求学生按照一般步骤画出汽车在水平面内转弯时的运动轨道，找出圆心、半径；然后对汽车做受力分析，找到向心力	【强化技能】复习之前学过的公式以及解题思路，通过提问和板书，强化学生解决向心力问题的方法。 【板书技能】教师通过边板书边讲解的方式，对摩擦力的知识点进行回顾，分析动摩擦力和静摩擦力的本质区别，从相对运动和相对运动趋势出发，使学生知道动摩擦力是沿切线方向，而静摩擦力指向圆心，因此由静摩擦力提供向心力
4分钟	教师检查学生的受力分析情况后，在黑板上按步骤画出轨道、圆心半径及向心力。 提问学生：提供向心力的是静摩擦还是动摩擦？（需要学生思考，不需要回答） 引导学生复习动摩擦与静摩擦的概念：动摩擦力的方向与相对运动方向相反，静摩擦力的方向与相对运动方向相同，因此动摩擦力的方向应当是沿切线方向，与速度方向相反，动摩擦力不提供向心力。继续提问学生：为什么明明有相对运动时静摩擦力会提供向心力了？ 通过乘坐公交车突然转弯的例子，让学生感受到当汽车转弯时会有一个向外被甩出去的趋势，从而理解汽车转弯时都有远离圆心、被“甩”出去的相对运动趋势，因此静摩擦力的方向就是指向圆心的，所以指向圆心的向心力正是静摩擦提供的	【语言技能】在讲解过程中，教师还用了乘坐公交车转弯的生活实例，以人人都有的亲身体验更好地帮助学生理解汽车转弯时有远离圆心的相对趋势，从而得出静摩擦力的方向
设计思路说明		

3. 行动三，微格试讲技能训练

师范生在独自备课、独自试讲的基础上，组织小组成员进入微格教室开展微格训练。利用微格教室的相关设备，录制试讲视频，以便分析评议。

在微格试讲阶段，对小组成员有一个特别的要求，即角色扮演。为更好地帮助受训者训练技能，听课观摩的小组成员应模仿中学生，模拟中学生的认知水平和知识储备，自如切换各类学生，甚至“调皮捣蛋”的学生，在该“懂”的地方懂，在该“不懂”的地方不懂，给受训者充分的实践机会。

案例 2　压力的作用效果

在“压力的作用效果”微格训练中，教师扮演者要求学生用如图 2-3 所示的方法体验压力的作用效果。然后提问：

师：大家有什么感觉？

生：疼。

师：哪只手疼？

生：都疼。

师：哪只手更疼？

生：左手更疼。

师：为什么呢？

生：因为笔尖太尖了。

师：大家知道为什么尖的就会更疼吗？

生：因为我的手太嫩了。

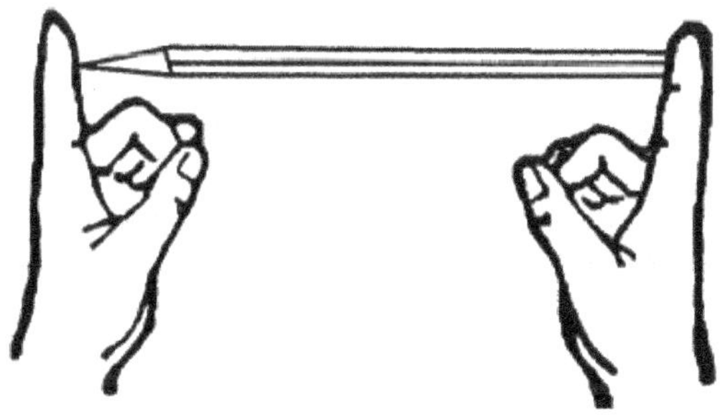

图 2-3　压力的作用效果

这样“绕”的对话在训练初期是经常看到的，是受训者在备课时完全没有想到的，特别是最后一个“手太嫩”的回答可以说“妙”到极致，可以非常强烈地刺激受训者，促进受训者反思：怎样提问才能得到预设的答案，在反思中提升教学水平。

因此，小组成员要特别注意，虽然听课的内容都是大家非常熟悉的，但小组成员的任务是模仿中学生，懂装作不懂，配合教师扮演者的同时，帮助教师扮演者推敲语言、提问、变化等技能的运用，通过恰当的表情、语言等给予“配合”，让教师扮演者意识到自己讲得、做得不到位的地方，以便下次改进。

教学技能只有通过反复实践才能真正被受训者所掌握，受训者根据自己编写的讲授技能训练教案，在微格教室完成小组试讲练习，注意做好录像。

（1）小组每位成员按照前一行动编写的教案，先进行个人试讲，并修改、完善试讲内容。

（2）小组长组织小组成员进行组内试讲，同伴扮演学生，配合试讲者开展课堂教学。试讲者填写个人记录表（表 2-6），参考记录见表 2-7。

表 2-6　微格试讲个人记录表

片段题目			试讲时间	
			试讲人	
自我优势	我的优势	1. 2.		
	我要做到	1. 2.		
同伴建议	1. 2.			
教师评价	1. 2.			

表 2-7　“水平面内圆周运动的实例分析”微格试讲个人记录表

片段题目		水平面内圆周运动的实例分析	试讲时间	2020 年 9 月 20 日
			试讲人	许小强
自我预期	我的优势	1. 准备充分，准备了精彩的视频和大量实例，能够有效地吸引学生注意力，激发学生兴趣。 2. 自己试讲过，基本能够脱稿授课。 3. 普通话标准、清晰		
	我要做到	1. 把问题讲细、讲慢。 2. 板书写好		

续表

同伴 建议	1. 太紧张，不敢看学生。 2. 向心力来源于静摩擦力部分有点混乱
教师 评价	1. 要写详案，把想要表达的问题想清楚，不能临时编问题或根据学生回答临场应变。要事先仔细设想学生可能的反应，做好应对。 2. 在讲解向心力来源于静摩擦力时，联系到相对运动的问题有点画蛇添足，容易使学生思路混乱

4. 行动四，视频回放小组评议

指导教师组织小组成员一起回放试讲视频，分析评议教学实施中教学技能的使用情况。

小组初评阶段。首先由受训者将自己的设计目标、主要教学技能和方法、教学过程等向小组成员进行介绍，检查事先设计的目标是否达到，以及自我感觉如何；再由全组成员根据每一项具体的课堂教学技能要求进行评议。

小组评议阶段。指导教师的指引非常关键。对应用比较到位的教学技能，主要分析实施的优点供小组成员学习；对应用不够到位的教学技能，结合具体语境提出改进建议，必要时可以回放示范案例对比讨论。要以讨论者的身份出现，讨论“应该怎样做和怎样做更好”，这样效果会更好。

例如，教师指出，案例“压力的作用效果”微格训练中，如果教师能够利用教学语言，在提问时给予学生思考方向上的指引，给予一定的提示和规范，学生的配合就完全不一样了。

大家知道为什么用同样的力压，尖的那端就会更疼而平的那端没那么疼吗？压力的作用效果与面积是否有关呢？

“尖的那端就会更疼而平的那端没那么疼”给学生指明了思考的方向：比较笔两端不同造成的效果，而不是手；“压力的作用效果与面积是否有关”则对学生的答案给予了限定和规范。

回放录像可以在微格教室，也可由学员将录像拷贝，带回宿舍回放，可以集体观看，也可单独观看，但回放要及时。回放时，应根据教案、个人记录表、同伴建议以及讲授技能评价标准开展自我反馈和反思，努力找出其中的不足，并填写录像回放记录表（表 2-8），参考记录见表 2-9。

2-8　微格试讲录像回放记录表

片段题目		试讲时间	
		试讲人	
存在的问题		反思	
1.			
2.			
3.			

表 2-9　"水平面内圆周运动的实例分析"微格试讲录像回放记录表

片段题目	水平面内圆周运动的实例分析	试讲时间	2020 年 10 月 8 日
		试讲人	许小强
存在的问题		反思	
1. 在讲解动摩擦力和静摩擦力知识点时，语言有点混乱，思路也不够清晰		应当精简语言，减少多余的甚至会混淆概念的其他语言，使学生能更加直接地接受知识	
2. 提问时要留给学生思考的时间和空间，不能赶进度一直讲，学生还没有想好就提问		把问题提得更明确一些；仔细预设学生各种可能的回答，并根据他们的回答分别设计应答思路。在提问后，适当重复或停顿，给学生思考的时间和空间	
3. 板书不够工整，字体和排版都需要多加练习		板书应该事先设计主板书、副板书的位置、内容等，包括圆周运动受力分析的图应该画在哪里合适等	
4. 教态有点拘谨、紧张，不够收放自如；还有老驼背，在讲台上身为教师应当有自信的面貌		多试讲几次；回头看自己的视频，查找具体问题	

5. 行动五，反思改进再训提高

受训者在小组初评的基础上，根据本人录像，参考技能示范录像和技能理论，对照评议结果，针对不足之处，由受训者自己修改教案，准备再次微格训练。

这里要特别强调一点，无论是前面的教学设计还是这里的修改，都要求受训者非常细致地准备"详案"，对大部分师范生来说，他们的语言表达能力、临场应变能力都未经过系统训练，这造成备课时的"设想"在试讲时经常"变"，而且大部分情况下都是变"乱"了。因此，指导教师要强调训练教案的"详案"，把试讲时要举的每个例子、每句话都详细地记录下来，训练师范生"怎么想就怎么讲"的能力。

（1）微格再讲：指导教师再次组织小组成员一起观摩微格训练。

（2）小组评议：回放微格视频，再次评议。微格训练是以合格达标为目的，对教学技能掌握、应用比较好的学生，可在评议后完成本阶段训练，进入下一阶段的训练；对于技能掌握未到位的学生，则需要重复训练。

（3）完成训练。

6. 行动六，综合评价整体发展

为了使受训者形成正确、规范的教学技能，在实践活动后要及时提供评价反馈，以使不规范的动作行为得到纠正，正确的行为得到强化。反馈以观看录像自我评价、小组讨论分析和教师指导相结合的形式效果较好。

微格教学中的评价是对教学技能的评价，是以一定的目标、需要、期望为准绳的价值判断过程。它通过对各项教学技能指标的考查与分析，对教学构成、作用、过程、效果等进行科学的价值判断，从而评价受训者的课堂教学技能水平。在教学技能的学习和形成过程中，评价起着重要的作用，没有评价就不能通过微格教学进行技能改进。

师范生的教学技能是一个长期发展的过程，因此微格教学训练的评价以诊断性评价和形成性评价为主。评价结果不是单纯看被评者的统计得分，而是强调从诊断性评价和形成性评价的比较来判断，评价的目的是提高和发展。在微格教学活动中，导师和学员通过各种活动形式，如理论学习研究、技能观摩讨论、相互听课、角色扮演等，得到来自多方面的反馈信息，从而对学员的课堂教学特点及基本技能运用程度有一定判断和评价，在此基础上，有针对性地提出改进的建议。

下面以教学语言技能的评价为例加以说明（见表 2-10）。

表 2-10　教学语言技能评价记录表

课题：	执教：	日期：
评价项目	好　较好　中　差	权重
1. 讲普通话，字音正确	□　□　□　□	0.10
2. 语言流畅，语速、节奏恰当	□　□　□　□	0.20
3. 语言准确，逻辑严密，条理清楚	□　□　□　□	0.15
4. 正确使用学科名词术语，无科学性错误	□　□　□　□	0.15
5. 语言简明形象、生动有趣	□　□　□　□	0.05
6. 遣词造句通俗易懂	□　□　□　□	0.10
7. 语调抑扬顿挫	□　□　□　□	0.05
8. 语言富有启发性	□　□　□　□	0.10

续表

课题：	执教：	日期：
评价项目	好　较好　中　差	权重
9. 没有不恰当的口头语和废话	□　□　□　□	0.05
10. 音量恰当	□　□　□　□	0.05
教学中使用语言技能的建议		

在对基础技能进行评价的基础上，还要对综合技能进行评价，评价指标可参考表2-11。

表 2-11　教学技能综合评价表

讲课人姓名		学号		日期	
教学内容					
项目及分值	教学技能与评价标准			得分	备注
教学设计（20 分）	教学目标恰当，教学方法使用合理，教学内容正确，教学过程体现了如何突出重点、突破难点。导入合理有效，教学过程的设计有一定个人见解和创新				
教学语言（20 分）	科学术语准确，普通话标准、简洁、流畅，音量、语速、节奏适当，无口头禅；语调有变化，语言有感染力；讲解能抓住关键，条理清楚、逻辑性强，讲解注意促使学生参与				
提问技能（15 分）	问题的设计符合教学内容，目的明确，启发学生思维；问题陈述准确、清楚，并能引导启发学生回答				
演示技能（15 分）	演示过程设计科学合理，能启发思维；演示注重教给学生观察的方法和实验的方法；实验操作规范，步骤清楚，示范性好；演示准备充分，实验现象明显				
变化技能和多媒体辅助技能（10 分）	能根据教学情况灵活、合理地变化教态、媒体、节奏、师生相互作用的方式；师生情感交流一致，各种媒体应用合理娴熟，变化自然				
强化技能与组织管理技能（10 分）	教师的组织和管理使课堂各项教学活动紧紧围绕教学目标；能通过恰当的语言、动作等强化学生学习动机；适当组织学生听课、讨论、实验等				
板书技能（10 分）	板书板画与讲解配合，时间先后合理；文字与图表规范、工整，书写速度恰当；板书安排合理，直观形象，具有启发性				
总得分					
点评教授签字：					

第三章　物理课程教学的设计技能

教学设计是对教学系统的各个要素（学生、教师和课程资源）的功能、关系和运作方式的规划。具体来说，就是在课堂教学开始之前，依据课程标准的基本要求和教学建议，依据物理课程内容主题、学生特征和环境条件，通过对教学过程的系统分析，确定合适的教学内容，创设一种教学活动模式，并形成有序的流程，以指导教学工作的有效实施。简而言之，教学设计涵盖教学中“教什么”与“怎么教”两个最基本的方面，是为了促进学生学习和发展而设计的解决教与学问题的一套系统化程序。本章围绕物理教学设计的概述、物理教学设计及示例、教案编写和教学的活动体验三个方面重点，阐述物理教师应该怎样做教学设计，并进行必要的活动体验。

第一节　物理教学设计的概述

随着基础教育课程改革的深入，教学设计成为广泛关注的研究和实践领域，教师应该成为教学设计者。本节介绍物理教学设计的基本要求和教学中的情境设置。

一、物理教学设计的基本要求

在传统的教学设计向新课程教学设计的转变过程中，单纯的知识教学观改变为新课程的发展教学观。因而对教师进行课堂教学设计也有了新的要求。

1. 教育性

课堂教学的根本任务是育人。在教学设计时，以提高学生的科学素养为核心目标，为了每个学生的发展，不仅要传授知识与技能，还应该让学生体验学习的过程和方法，在情感态度与价值观方面获得正确的认识。

2. 系统性

课堂教学是教师行为、教学内容与学生行为的相互作用，是一种复杂的知识性、社会性和心理性的交互过程。因此，在教学设计时，设计方案应周详完备，各环节衔接紧密，各要素协调配合，安排合理，成为和谐统一的有机整体。

3. 可行性

课堂教学设计应该既要符合教师的实际，又要符合学生的实际，还要符合教学环境条件的实际。符合实际的设计方案才便于操作。当然，不可忽视信息技术手段的重要作用。现代教育技术突破了时空的限制，能营造生动形象的物理情境，变传统教学中的不可行为可行。

4. 有效性

学生是课堂教学的主体，要使教学效果好，在进行教学设计时，不但要优化教学目标、教学方法和教学手段等，更重要的是要关注教学对象——学生。在学习者分析上，要关注学习的准备状态；在师生角色上，强调突出学生的学习活动，重视学习方法的指导。

值得注意的是，任何方案在经过实践后都有可供修改、补充、完善的地方。只有不断总结经验，精心修改方案，在优化课堂设计方面不断努力，才能取得一定条件下最佳的教学效果。

二、物理教学设计中的情境设置

教学情境的设置是为了安排学习的外部条件，确保意义学习的发生。要想提高课堂教学效率，应针对教学目标（或学习结果）安排（设置）一些特定而合理的物理教学情境。设置的教学情境可以多种多样，结合中学物理学科教学特点和新课标理念，重点介绍以下情境设置。

（一）课堂教学中的情境设置

不管什么类型的课，经过教学实践可知：在一堂有效的物理课堂教学中，通常应有以下情境设置的考虑。

1. 引入课题，明确教学目标

要唤起学生注意，使学生接受刺激和促进学习的发生，常常是通过不同手段设置物理情境：如教学语言的变化，肢体语言的夸张，实验的演示，媒体的播放等。往往通过新课引入的情境刺激学生回忆先前的知识技能，明确所学新知识是什么，利用新知识能做什么等教学目标。

2. 展开课题，强化新知识的掌握

在展开课题阶段，可以呈现一些刺激材料来突出新知识的各种特征，如图片、流程图、视频、实物，甚至是板书、板画等。通过这些物体和情境的鲜明特征，可以强化学生学习新知识，促进掌握程度。当然，在呈现这些情境时要注意其顺序的安排和每次呈现的分量。

在传授新知识的同时，还必须提供学习指导。给出恰当的例题，呈现物理过程，剖析物理图像，启发学生积极思考，将认知结构中原有的相关概念或规则合理地重新组合，形成解决问题的思路。

接下来可以安排与例子相同或相似的“同步练习题”，可以是书面的，也可以是口头练习，留足够的时间思考和练习后，进行及时评价。通过反馈信息，学生能知道自己的理解与行为正确与否，以便及时改正。

3. 结束课题，促进学习的保持与迁移

当信息或知识需要回忆时，存放在一个有意义的背景下的知识信息恢复得最快，且提取信息的途径也相对较多。所以在课题结束时，应设置有效情境，帮助学生去记忆当堂课的相关知识，如布置巩固练习题；归纳总结知识结构的图表；提供相关视频媒体等。

除了掌握当堂课的新知识，更重要的是学习的迁移，要使学生能进行有效的正迁移，就应为学生提供各种各样的新任务。这些新任务需要把所学知识运用到那些与学习情境在本质上有所不同的新情境中去。

在课堂教学各环节中，根据需要设置不同情境，其中媒体的设置和问题情境的设置尤为重要。

（二）课堂教学中的媒体设置

根据教学需要，媒体设置可以安排在课堂教学的各个环节中。利用教学媒体可以在物理课堂教学中实现下列目标。

首先，提供实物，展示事实。提供实物、器材、图片，事物变化过程，甚至是自然或社会的真实事件等，使学生获得感性认识，便于识记。

其次，创设情境，提供示范。根据学习内容，提供相关的研究背景、模拟实验、物理实验过程等，学生通过感性材料，形成表象，归纳概括知识和形成概念和规律，并且通过模仿和练习来提高能力。

最后，呈现过程，设疑思辨。利用媒体展示典型物理现象或物理过程，巧设疑点和问题，以此作为学生分析、思考、探究、发现的对象，从而掌握解决问题的方法和步骤。

随着计算机的普及，越来越多的教师会在教学中主动去使用多媒体技术，但应注意避免以下问题：① 视频资料图像不清晰，声音模糊；② 动画太花哨，不逼真；③ PPT 色彩太鲜艳，声音嘈杂；④ 媒体的使用与教师的讲授时间不协调（太快或太慢），内容联系不够紧密。

(三) 课堂教学中的问题设置

精心设置有效问题情境，有利于激发学生的问题意识。美国著名学者加里·鲍里奇认为："任何口头的说法或者手势，只要引起了学生的回应或回答，就被看作是问题。如果这种回应或回答能让学生更积极地参与学习过程，那么这个问题就是有效的问题。"①

课堂教学中，问题设计的目的不外乎：① 引起兴趣和吸引注意力；② 发现问题及检查；③ 回忆具体知识或信息；④ 课堂管理；⑤ 鼓励更高层次的思维活动；⑥ 组织或指导学习。这六条归为一点，那就是：以触发或形成学习者的回应为目标。一个好的问题应当是一个高级组织者，它为紧随其后的回应提供一个框架。

在课堂教学中，可以设置以下几个层次的问题：

第一，可以设置引领认知的问题，引领学生感知，实现认识、理解等层次的教学目标。这类只要求学生回忆已经学过的知识点，所设置的问题结构良好、定义明确，是有明确解题途径和少数几个答案的简单而封闭的问题。

例如，以下问题就是简单而封闭的问题：

（1）两个运动物体位移相同，用时不同，谁快谁慢？或两个物体运动的时间相同，位移不同，谁快谁慢？

（2）陈述摩擦力的定义。

第二，可以设置引领体验的问题，引领学生理解，实现理解、感悟等层次的教学目标。这类问题通常是让学生联系熟悉的事例，或是活动、实验等的体验陈述。

例如：

---

① 加里·鲍里奇. 有效教学方法［M］. 南京：江苏教育出版社，2002：209.

（1）当在水中向下按压空的矿泉水瓶时，你的手有什么感觉？请猜测引起这种感受的可能原因。

（2）在生活中哪些地方应用到流体压强与流速关系的知识？

第三，可以设置引领分析评价的问题，引领学生探究，实现感悟、评价等层次的教学目标。这类问题要求学生从多角度思考、对问题做深入分析、判断和进一步的数学抽象等，其问题结构欠缺、无明确解题途径，是需经历复杂思维才能解决的复杂而开放的问题。

例如，以下问题就是复杂而开放的问题：

（1）估算运动员踢球时对足球所做的功。

（2）气球破裂时为什么会发出很响的声音？

（3）乒乓球从高处自由下落，经地板反弹后再跳起的最大高度总低于原来下落时的高度，为什么？怎样抛出乒乓球才能使它弹跳到高于抛出时的位置？

第四，可以设置引领综合运用的问题，引领学生实践，实现的是综合实践等层次的教学目标。先提复杂而开放的问题，激发学生思考，再依据课堂具体情况提降低难度的下一级问题，最后是简单而封闭的问题。每个问题的提出都给学生思考的时间，调动学生主动参与思考。

例如，关于动量与冲量的问题可以设置如下一系列问题：

问题情境1：

（1）某同学从高处跳下来，他能安全着陆吗？

（2）假设从高度为10米的地方自由下落，会有何情况？

（3）假设同学质量为50千克，着地后0.1秒停下，其动量改变量和冲量分别怎样？所受平均冲力是多少？

（4）如果要安全着陆，可以采取哪些措施？

问题情境2：

（1）小孩有成人抱着坐汽车是很安全的吗？

（2）一个抱小孩的乘客在撞车时要用多大的力才能抱住小孩？

（3）在速度为60千米/小时的汽车上，一乘客抱一重10千克的小孩，汽车撞车所用的时间为0.1秒，则这乘客至少要用多大的力才能抱住这个小孩？

当然，对于初为人师者来说，在提问过程中要注意避免以下问题：

（1）不要提出可能有多种答案的复杂的或模棱两可的问题；要准备接受正确的然而是

异常的答案，特别是提出开放性问题时。

(2) 不要阻止学生把回答说完，就算是错误的回答。应该以部分正确或错误的回答为基础，激发进一步澄清、启发新的信息，或对回答进行重新导向；事先应该想好你为什么问这个问题，明白问题所要求的行为复杂性的程度。

(3) 不要在还没有作出探询之前就自己给自己的问题作出回答。为了让学生积极参与学习活动，教师提出一个新的问题或转向下一个学生之前的等候时间和问题本身一样的重要。因此，一定要给回答问题的学生有足够的思考时间。研究表明：对诸如识记、理解之类较低复杂层次的问题，应该把等候时间至少增至3～4秒；对诸如综合、评价之类较高复杂层次的问题，则应增至15秒。研究还表明：足够的思考时间即更长的等待时间，能导致更长的回答、更多的自愿回答、行为复杂性更高的回答、更多的来自学生的问题，以及学生对回答更大的信心。

(4) 不要使用问题来作为一种惩罚或让学生尴尬的方式。这种对问题的不恰当的使用往往不能改变学生的不当行为，问题只是一种教学的手段，应该被用于特定的目的。对问题的不恰当的使用或者将它用于其他的目的都会影响你的学生对问题的看法和态度。

(5) 不要全部使用带问号的方式提问。问题不一定都带有问号，可以隐藏在陈述句中，并且不一定表现为问和答的单一形式。有时不带问号的“问题”更能引起学生的深入思考、体验和探究。

第二节　物理教学设计及示例

教学设计过程既是系统化的过程，又是充满创造性的过程。但对于任何一位中学物理教师而言，只有做好了充分的准备，才可能在此基础上有创新的教学设计，有详尽完善的教案。因此，本节重点阐述如何写教案并给出示例。

一、备教材

教学设计的首要任务就是选题和设计教学目标。备教材就是为这两方面做准备，认真对教学内容、教学资源做分析与准备。具体来看，可以从以下几方面着手。

(一) 课程目标

课程标准在知识与技能、过程与方法、情感态度与价值观三个维度上提出了物理课程的具体目标。在教学中，课程目标的三个维度不是相互孤立的，它们都融于同一个教学过程之中。在确定某一节的具体目标时，应当考虑：一般目标与具体目标相结合，集体目标与个人目标相结合，难度适中，便于检测。

值得注意的是，教师在对教学中某一个主题进行目标分析时，往往容易偏重于知识与技能目标，而忽视其他两维目标。即使对知识、技能目标分析时，也容易侧重于具体的知识点，而忽视从知识结构和相互联系的视角进行分析，以及从统一的科学概念和原理进行分析，因此，需要努力挖掘课题的深层次目标。

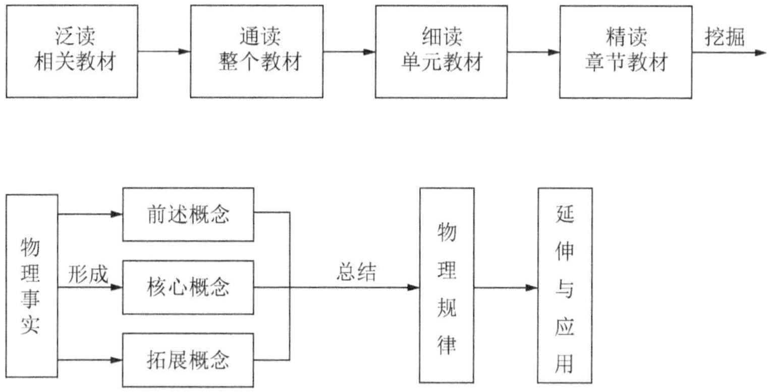

图 3-1 教材分析的基本流程

在图 3-1 各个环节中，注重剖析教材内容在各层次上的教育目标和相互间的联系。做到心中有全局，笔下能细化。

（三）教学资源

教材已不是唯一的教学资源。在对教材进行分析的同时，还应尽可能地开发和利用其他教学资源，作好充分的课前准备。比如：利用身边器材自制教具进行实验；利用网络资源收集相关信息资源；利用多媒体技术优化和丰富课堂教学；利用视频资料再现真实的物理情境等。

二、备学生

学生是教学对象。教学设计要以学生的发展为中心，以学生的学习为中心。注重从学生的生理特点和心理特点出发，激发学生的学习兴趣和动机，切实给他们提供参与教学活动的时空条件；注重从学生心理发展的角度来分析和处理教学过程中出现的矛盾和问题；注重学生的个性发展和创造能力的挖掘。

在进行教学设计时，主要分析学生的以下几方面。

1. 学生的认知特征分析

认知特征包括学生的感觉和知觉的理解性和整体性；物理表象的正确性和准确性；物理思维的概括性和逻辑性。在进行教学设计时，教师应该根据所教班级学生的这些认知特征设计合适的教学过程。值得强调的是，学生通常是在物理感知的基础上形成正确的物理表象，利用已形成的物理表象特别是动态的物理表象进行思维和推理。因此，物理教师应尽可能采用形象化的图像、模型、实验和生动的描述来丰富学生的物理表象，并及时纠正学生的错误的“前物理表象”“前概念”等。

用皮亚杰的认知心理阶段论分析可知：初中生，有的还处在具体运算阶段，对一些比较抽象的概念，始终理解不了；有的则进入形式运算阶段，能理解诸如密度、速度等抽象概念。但总体上讲，处于形式运算初级阶段的初中生，刚开始的抽象思维仍属于经验型的逻辑思维，对抽象概念的理解通常需要借助事物的表象作支撑。他们对直观教具或丰富的感性经验作支柱的教材内容容易理解和掌握，而对那些抽象程度较高，又缺乏感性知识的材料，普遍感到困难。

高中生，虽然已都进入形式运算阶段，抽象思维能力较初中生高，但同级同班学生中，认知水平仍有差异，除了原有的学习基础的差异造成认知水平的差异外，学生认知发展的快慢差异也是值得我们关注的。

2. 学生的认知能力分析

认知能力分析应包括预备技能分析和目标技能分析。通过分析，了解学生是否掌握或部分掌握了教学目标中要求学会的知识技能，以及分析了解学生存在的错误的前概念或思维障碍等，从而确定目标技能是否合适，如何调整等。

作为物理教师应该关注中学生的认知起点。因为每个学生文化生活背景的差异，会对物理学习的认知起点造成差异。需要我们事先采取适当的方式去“摸底”，以预测多数学生的认知起点和可能实现的教学目标。比如，农村的孩子没有见过塔式起重机，教师讲杠杆原理时，举的例子应是大家都见过的“用钢钎撬石头”；讲动量守恒，教师让学困生回答简单问题，让学优生回答复杂问题，让每位学生都能有成就感……

3. 学生的情感特性分析

通过分析，了解学生参与学习过程的动机作用程度，这种程度既与前面学习的成就有关，又与学生在学习过程中的感受有关。在进行教学设计时，教师应关注学生学习物理的情绪状态，了解他们对物理世界探索的兴趣和好奇心，及时克服学生在学习物理过程中遇到的挫折或内心冲突，帮助学生感受物理学概念、规律、结构、方法和语言的简单美、对称美、和谐美。同时，教师可以在总结前面学习的基础上，对新知识的学习特性进行分析，从而对学生的情感作出预测。

三、备教师自己

随着课改的进一步推进，新课标教材的实施，物理课程要求中学物理教师是一个创造者、引导者、解惑者，是学生的合作伙伴，是学生学习的促进者。因此，在自主学习、合作学习与探究学习为主的课堂教学中，物理教师在教学中的职责有：① 帮助学生检视和反思自我，明确自己想要学习什么和获得什么；② 帮助学生寻找、搜集和利用学习资源；③ 帮助学生设计恰当的学习活动；④ 帮助学生发现他们所学东西的个人意义；⑤ 帮助学生营造和维持学习过程中积极的心理氛围；⑥ 帮助学生对学习过程和结果进行评论，并促进评价的内化。

要做一名合格的中学物理教师，应具备一些必需的知识条件：① 坚实的物理专业知识基础；② 熟悉中学物理教育目标体系，深刻理解物理课程标准；③ 了解物理知识结构，物理科学过程（物理学史）和物理文化；④ 学习必要的心理学的基本概念和原理；⑤ 熟悉中学物理教学过程和教学策略等。

作为中学物理教师，在进行教学设计时应当自问：应该教什么？怎样教？为什么这样教？

比如，对每节课，事先要拟出“三维”教学目标。如果哪一部分的内容，自己还把握不准，会请教别人或参阅大量的参考书。努力使选择的内容既符合“新课标”要求，又切合学生实际。需要做的演示实验、需要表述的科学方法、需要补充的科学史实，都事前做充分的准备……这是在“教什么”方面备自己。

对该节课，需要创设什么样的物理问题情境、举什么样的生活实例？怎样在课堂上调动学生的积极性？什么样的板书板画、例题作业更符合学生的认知水平，更具针对性？……思考这些问题，是在“怎样教”方面备自己。

教学设计中思考：我这样做能不能引起学生的注意和兴趣？符合不符合学生的认知心理和认知水平？能否让学生体验过程和方法？能否让学生领悟其中的科学美并能鉴赏美？……这是在“为什么要这样教”方面备自己。

四、教学设计的书面呈现方式——教案

教师在进行课堂教学设计的初期，想的东西往往是不定型的，写出来的教案才算是有型的教学设计。编写教案是把精心设计的教学方案定型化的过程，教案是教学设计的书面呈现方式，是教师备课的总结、上课的依据，也是检查备课质量和教学效果的参考。认真编写教案是积累资料、提高业务水平和教学能力进而提高教学质量的手段。

教案的形式可以多种多样，但其中的基本内容一般应有：

一是课题、课型、授课时间。课型是指该节课的教授类型。一般有新授课、习题课、复习课、实验课、讲评课等。

二是教学目标要求。包括知识与技能、过程与方法、情感态度与价值观方面的目标要求。

三是教学的重点、难点和关键点。

四是所需教具。

五是教学过程。

教学过程是教案的主要部分。写教学过程，主要写以下几个方面的内容：

（1）教学步骤。写出所有步骤及每个步骤要完成的教学任务和计划用多少时间；画出实验简图，写出实验步骤；写出概念公式的分析、推导过程；写出例题的分析、做题过程。

（2）导语和过渡语。导语即导入新课的引言。过渡语是课堂教学过程中从一个教学环节向另一个教学环节过渡，或从一个知识点向另一个知识点过渡时，教师的讲课语言。教案中写下精心设计的导语和过渡语，上课时教师才能做到简练、自然得体，避免啰唆及脱节现象发生。

（3）板书的内容及时机。板书的内容随着教案的编写，写在教案中，避免课堂教学板书的随意性；并注意什么时候讲述或与学生交流，什么时候板书才恰当。

（4）主要的教学活动。主要的教学活动如提问、实验、讨论、课堂练习等，既要写教师教的活动，也要写学生学的活动。

（5）课堂小结。包括教师引导学生总结和教师归纳总结的方式方法和强调之处。

（6）课堂训练题和作业题。包括题目和解题过程，作业题所在页码、题号等。

（7）板书设计。即写什么内容，写在什么位置，用什么色笔写，用什么符号标记等。

（8）教学札记。它包括教案的执行情况，学生的反映，教学中出现的没有事先预料的

问题，启发的灵感等。

教案分详案和简案。前边罗列的内容是详案的内容。实习教师、新教师必须写详案，甚至写成讲稿。这样有助于稳定上课情绪，即心中有底、讲课不慌。当然，所罗列的每一项内容，不一定都必须照套，这里边有教师的创造性工作，须具体情况具体处理。但事前尽可能考虑周全是必须的。简案只写要点，一般是有经验的、课堂掌控能力较强的老教师才这样做。

五、关于微格教学教案

但在微格训练中，由于时间短，我们不可能进行完整一堂课的教学，只能就某一两个技能进行微格训练，因此要学会编写物理微格教学教案。在动手编写微格教案之前，仍然应思考以下几个问题：目标是什么？学生学什么？教学程序和教学方法是什么？如何评价？等等。通常的编写过程如下所述。

1. 选课题

根据新课程标准编写的初、高中物理教材有多种版本，最好选定本地区多数中学选用的教材，以便于在实施微格教学时：一是可能抽用实习或见习学校相应班级的学生来当临时学生；二是为今后的见习或实习作更具针对性的“习前训练”。当然，也可以将同一教学内容的多种版本放在一起进行比较，选认为编写得最好的教材。教材选定后，从中选出某一章节作为教学技能训练要讲授的内容。对初学者，指导教师有责任帮助学生确定课题范围，比如根据学生的具体情况和将要进行教学实习的需要，让学生选“力学中的运动学部分”作为课题范围，然后允许学生在该范围内选择自己感兴趣的章节内容即课题，作为微格教学的内容。或由指导老师确定同一课题，小组成员各自备教案。

2. 定目标

对教学目标，既要遵循课程标准的要求，还要考虑学生的实际，用学生能具体实现的行为来描述它。对教学技能训练目标，主要根据教学内容的需要和要训练师范生或新教师哪方面的教学技能来确定，并以教师所采用的技能行为来描述和说明希望达到的程度。

3. 做设计

将要讲述的教学内容分解成若干个组成部分，明确各部分在教学过程中的意义和作用，并思考教师的教和学生的学，即教师怎样做能最大限度地使学生参与教学活动。这种分解教学片段和选择教学方法的过程，就是微格教学的设计。它要求按教学过程的发展顺序表述教师和学生的教学行为和学习行为，将教学目标和采用的教学策略具体化。表述时，除了关注新的教育教学理念，还要标注出教学技能的关键要素。比如，某教学阶段需要引起学生注意或者需要激发认知冲突，该阶段的技能训练要素便是引起注意或激发认知冲突。训练中，若将各阶段要素及时、准确地进行注释，将有利于某些技能的形成和巩固。

微格教学设计要预计教学用时，包括教学行为各阶段的时间间隔和整个训练过程的用时；还要考虑在什么阶段使用什么样的媒体，并把用时和媒体使用位置标注出来。

设计的最后是课后自我分析和指导教师意见两栏，必要时留下小组互评时的记录栏。

4. 再检查

物理微格教案初步草拟完成后，需再反复检查一下选定的课题、教学过程与教学方法是否跟教学目标相匹配，即思考自己的设计所经历的教学过程和采用的教学方法是否能达到所制定的教学目标。必要时做一些修改和补充。

此外，还须检查技能训练目标是否与教学目标相对应，若有牵强之处，要改过来。

微格教学的教案是对微格教学设计的具体化，其格式有多种，编写者常可以根据自己的习惯和实际情况有所调整。为了让读者了解微格教学教案的编写，列出下面的两种格式供参考。

格式 1　简约型，常供学生自用

<table>
<tr><td>课题</td><td colspan="2"></td><td>讲课人</td><td></td></tr>
<tr><td>教学技能</td><td colspan="2"></td><td>时间</td><td></td></tr>
<tr><td>技能目标</td><td colspan="4"></td></tr>
<tr><td>教学目标</td><td colspan="4"></td></tr>
<tr><td>时间分配</td><td>教师行为</td><td>学生行为</td><td>技能要素</td><td>媒体使用</td></tr>
<tr><td></td><td></td><td></td><td></td><td></td></tr>
</table>

评价：（包括课后自我评析、老师和学生的评价和建议等）

格式 2　实验报告型，常供教学考评用

微格教学训练实验报告

第____次

主讲人		年级		科目	
指导教师		教室		日期	年　月　日
课题的名称					
训练的技能					
教学重难点					
教学用具 （含教学软件）					
备　注	年级、科目、课题为所练习内容的情况				

第 1 页

教学过程

时间分配/分钟	教学行为	技能要素	学习行为	教学媒体、板书内容

第 2 页

板书设计/媒体设计

媒体资源		
实物资源		
常驻副板书	主板书	即兴副板书

第 3 页

教学评价

课后自评		签名：
小组互评	优点	① ②
	不足	① ②
	建议	① ②
二次微格情况		
小组成员签名		
指导教师评价		签名： 年　　月　　日

第 4 页

关于微格教学教案的几点说明：

（1）课题。在课题的选取上要尽可能地多样化，让自己在各种课型上都能熟悉，在各种技能上都有训练。

（2）教学技能与目标。依据教学技能的分类要求，确定所要训练的教学技能及其目标，同时以教师所要应用的技能行为来描述和说明希望达到的程度。

（3）教学目标。依据教学内容，在教学需求分析的基础上，确定教学内容的教学目标，可以用学生的达成行为来描述，并且注意与技能目标相对应。

（4）教师行为。教师的教学行为是指以教学过程的发展顺序为依据，把教师讲解技能、提问技能等各种教学技能训练为目标和所采用的教学策略的具体化过程。当然这里的所有教学行为不可能都是训练目标内的教学技能行为，但应突出所要训练的技能目标。

（5）学生行为。教师在备课时对学生可能有或是希望有的反应做一定的预设，便于对教学过程的掌控。若实际教学后学生反应和预设有很大出入，这也正是教师应该反思的地方。

（6）技能要素。教师的教学行为中，包含着许多所应用的教学技能要素，对典型的教学技能要素进行准确注释，将更有利于某些技能的形成和巩固。

（7）媒体使用。选择合适的教学媒体，比如，板书、板画、幻灯片、视频资料等，并标注在教学过程中相应的媒体使用的位置。

（8）时间分配。预计角色扮演中各阶段的时间间隔，标示出预计使用的时间。

（9）备注。给课后指导老师的评析、自评和互评留下记载空间，以便修改、完善教案和教学行为。

实践证明，凡按上述要求认真编写微格教案的学生，他的进步会更显著。因为经历一段自主学习的过程，又加上合作与交流，他的体验会更加深刻。

六、教学设计和教案的示例

（一）教学设计的示例

撰写详细教案前，可以先做教学各环节的大体设计，教学设计可以是表格式的，如【示例 1】；也可以是教学设计的流程图，如【示例 2】。

示例 1　气体的压强、体积、温度间的关系

设计思路	本课题是高中物理中典型的利用控制变量法研究三个物理变量之间关系的教学内容。根据“新课标”中提倡自主、合作探究的学习方式的新理念，总体设计思路如下：① 本节知识本身较为简单，重心放在对日常生活中观察到的现象进行分析、归纳，培养学生观察能力、分析问题的能力和归纳总结的能力。② 在理论分析、讨论、交流中，辅之以部分实验验证、模拟演示以及用分子动理论微观解释。体会实践—理论—指导实践—理论提炼的认识历程。③ 突出学生之间、老师和学生之间的交流与互动；与日常生活紧密联系，让学生觉得学习是有用有价值的。④ 让学生学会用控制变量法研究和解决问题			
知识点	教学情境设置	教学媒体	学生行为	设计意图
生活中有许多关于温度、体积、压强三者变化关系的实例	课前布置学生观察生活中与气体温度、体积、压强三者有关的现象。上课时首先请同学们列举生活实例，教师可以辅以实物以提示	出示：乒乓球、气球、打气筒等	举出实例并简单分析	培养学生的观察能力，找到有用的生活实例并用已有知识简单分析，为课堂讨论、交流准备素材
气体压强和体积的关系	用实物做两个演示实验，并请学生参与	实验器材：注射器、瓶塞上带有细玻璃管的烧瓶	观察实验，分析实验现象，并得出结论	营造学习环境，激发学习兴趣和求知欲并提出控制变量法

续表

知识点	教学情境设置	教学媒体	学生行为	设计意图
气体温度与压强的关系	从前面学生列举的生活实例中引导学生找出在保持气体体积一定的条件下，温度与压强之间的关系，并用 Flash 课件模拟演示	多媒体课件	分析找出主要反映温度与压强关系的生活实例，观看 Flash	培养学生从生活中发现问题，抓住主要因素分析实际问题，训练语言表达能力。学习运用控制变量法分析问题
气体体积和温度的关系	用实物演示实验，并用模拟课件解释：气体在保持压强不变的条件下，体积与温度存在一定的比例关系	实验器材：酒精灯、缝衣针、细铁丝等课件	观察实验分析实验现象并用分子动理论解释	营造物理学习环境，培养学生分析、概括的表述能力。学习运用控制变量法分析问题
教学设计反思	这个设计以学生为主体，教师为主导的体现比较充分。在整个设计中体现了“从生活走向物理，从物理走向社会”的基本理念。使学生体会抓主忽次和控制变量的研究方法，体验认识、掌握物理规律的历程。在应用方面，应鼓励学生多举例来交流、分析，但担心学生思路打不开，举例不丰富，所以应注意引导和启发			

示例 2　牛顿第三定律

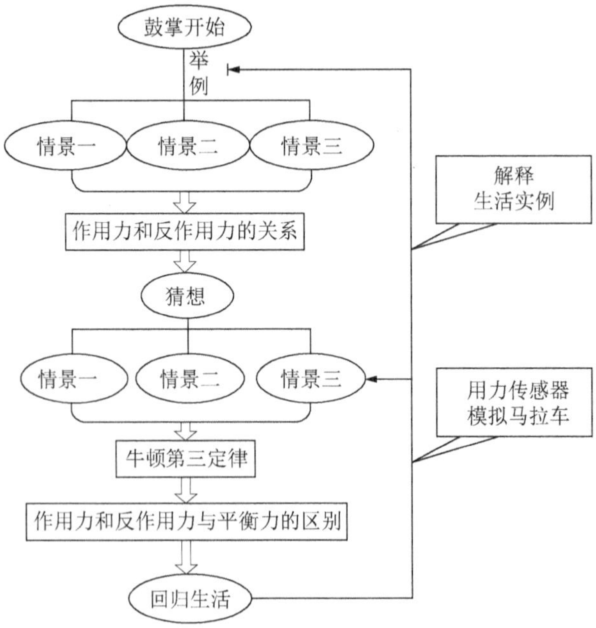

图 3-2　牛顿第三定律教学设计流程图

（二）微格教案的示例

在此仅提供一种格式的微格教案的示例，读者可根据自己的需要做相应的调整，此示例仅供参考，关于具体的实践说明在后面的第六章中。

<table>
<tr><td>课题</td><td colspan="2">物体的浮沉条件（北师大版：八年级下册第八章第六节）</td><td>讲课人</td><td></td></tr>
<tr><td>教学技能</td><td colspan="2">课堂教学的引入技能</td><td>时间</td><td></td></tr>
<tr><td>技能目标</td><td colspan="4">1. 要能集中学生注意力，激发学习兴趣；
2. 实验设计扣题且现象明显；
3. 使学生明确学习目标，形成学习动机</td></tr>
<tr><td>教学目标</td><td colspan="4">1. 复习浮力概念；
2. 复习二力平衡；
3. 引入物体浮沉条件的学习，激发学生的求知欲望</td></tr>
<tr><td>时间分配</td><td>教师的教学行为
（讲授、提问、实验）</td><td>学生的学习行为</td><td>教学技能要素</td><td>教学媒体</td></tr>
<tr><td>1 分钟</td><td>同学们好，现在开始上课！（停顿）</td><td>预备状态、集中精力</td><td>组织教学</td><td></td></tr>
<tr><td rowspan="2">3 分钟</td><td>前面我们学习了浮力，知道浸入液体中的一切物体都要受到液体对它竖直向上的浮力的作用，并且通过称量法测出了浮力的大小，请同学们回忆一下，我们是怎样做的呢？</td><td>回忆、识记浮力的称量方法和过程</td><td rowspan="2">通过复习承上启下，准备导入课题，温故知新</td><td></td></tr>
<tr><td>（画图、确认反馈）</td><td>回答：先在空气中称量出物体的质量，计算出物体的重力 G，再把物体全部浸没在水中，弹簧秤读数减小到 F，则 $F_{浮}=G-F$</td><td>画板画</td></tr>
</table>

续表

时间分配	教师的教学行为 （讲授、提问、实验）	学生的学习行为	教学技能要素	教学媒体
5分钟	下面请同学们观察一个实验：这是两个体积相同的铁块和木块，请问它们哪一个重？	观察、思考	提供丰富的材料：设疑（提问）、演示实验（实物）等方式，点拨学生边观察边思考，步步向课题逼近——	出示实物：铁块、木块
	（确认反馈）	回答：铁块重		
	现在我们把它们浸没于水中，请同学们观察会出现什么现象？（演示实验）	猜想、观察后回答：铁块下沉，木块上浮		
	铁块为什么会下沉，木块为什么会上浮呢？	思考后回答：铁块比木块重		
	是不是重的物体一定下沉，轻的物体一定上浮呢？再看，这是一颗小铁钉，这是一块木块，它们谁重？（出示实物）	猜想、思考，让几个学生掂量后回答：木块重	引起注意、激发兴趣、提出新问题	出示实物：铁钉、木块
	现在我们再把它们浸没于水中，结果是木块上浮，而铁钉下沉。重的物体上浮而轻的物体下沉了，这是为什么呢？（演示实验）	观察、惊奇，略思考后回答：因为铁块的密度比木块的密度大		
	是不是密度大的物体一定下沉，密度小的物体一定上浮呢？	陷入困境		
5分钟	请看，我们把这个铁盒和木块放入水中，发现二者都漂浮在水面，铁的密度大，为什么铁盒却不下沉呢？（演示实验）	惊奇、有强烈求知欲望	引起注意、激发兴趣、提出新问题	出示实物：铁盒、木块

续表

时间分配	教师的教学行为（讲授、提问、实验）	学生的学习行为	教学技能要素	教学媒体
1 分钟	上述实验表明：物体的浮沉既不决定于物体的重力，也不决定于物体的密度，那么物体的浮沉究竟由什么因素决定呢？这就是我们今天学习的内容：物体的浮沉条件（转向并板书）		挑明关系并点出课题——引入新课	板书：物体的浮沉条件
评价				

第三节　教案编写和教学的活动体验

通过前面两节的学习，读者应该对教学设计和教案的编写有了较为详细的了解。本节就根据这些知识进行针对性的训练。

一、训练目标

学会教学设计并会编写教案详案。

二、训练选题

以高中或初中物理某一章节为对象编写一个教学设计，并在教学设计的基础上写出详案。下面提供一些章节供读者参考，设计编写教案前请思考相应问题。

初中（北师大版）

（1）第一章第一节物态变化　温度。（学生已经有了哪些概念？本节的重点是什么？需要准备哪些实物或图片资料来说明物质存在的不同状态——固态、液态、气态？设计什么样的实验讲解物态的变化?)

(2) 第二章第三节学生实验:探究——物质的密度。(本节的前述概念有哪些?核心概念是什么?如何引导学生设计方案探究物质体积与质量之间的关系?)

(3) 第八章第五节学生实验:探究——影响浮力大小的因素。(本节的前述概念有哪些?核心概念是什么?需要拓展的知识有哪些?如何引入浮力的概念?如何设计方案探究浮力产生的原因?如何设计实验探究浮力的大小与哪些因素有关?)

(4) 第十章第一节机械能。(关于教材中涉及的几个概念——能、动能、重力势能、弹性势能、机械能如何讲解清楚?是用图片,还是用视频资源,还是制作动画播放?……设计什么实验讲解"动能和势能间的相互转化关系"?)

(5) 第十一章第五节电压。(本节的前述概念有哪些?核心概念是什么?需要拓展的知识有哪些?如何通过类比的方法(与水压类比)讲解电压?除此之外,还可以如何设计教学方案?)

高中(人教版)

(1) 必修1:第四章第二节实验:探究加速度与力、质量的关系。(这是一堂实验探究型课堂教学,需要学生能用控制变量法研究问题。设计编写教案前请思考:如何创设物理情境,启发学生猜想加速度与力、加速度与质量之间可能有的关系?如何处理实验方案中可能出现的两个难题:① 怎样测量(或比较)物体的加速度?② 怎样提供和测量物体所受的恒力?如何教会学生处理实验数据并得出结论?)

(2) 必修2:第五章第五节圆周运动。(本节有哪些基本概念?线速度与直线运动中所讲的速度有什么关系?如何让学生理解线速度和角速度之间的区别和联系?如何为下一节讲向心加速度做准备?)

(3) 选修1-1:第三章第一节电磁感应现象。(学生已在初中学过哪些相关的知识?学生有哪些相关的前概念?如何做好本节的两个演示实验:① 电磁感应的产生条件?② 感应电流与磁通量变化的关系?做好这两个实验的关键有哪些?)

(4) 选修1-2:第二章第二节热力学第一定律。(学生已在初中学过哪些相关的知识?学生有哪些相关的前概念?本节有哪些前述概念?本节的核心内容是什么?如何阐述和强调关于 Q、W、U 三个物理量的正负号的物理含义?)

(5) 选修1-1:第一章第一节电场。(如何做好本节的三个演示实验:① 电荷之间的相互作用;② 电场力;③ 模拟电场线的分布?三个实验的关键是什么?如何引导学生观察和思考？）

（6）选修2-2：第二章第一节物体的形变。（利用哪些图片、视频、实物让学生了解什么是拉伸形变、压缩形变、剪切形变、扭转形变、弯曲形变？准备哪些生活中的实例让学生分辨各种形变？）

（7）选修2-3：第三章第二节光的干涉。（如何用光的干涉实验装置做好该实验（实验关键是什么）？可否利用身边的简易器材替代？如何引导学生观察、思考并分析得出实验结论？启发学生在课外用肥皂水等器材自己做干涉实验。）

（8）选修3-1：第二章第十节实验：测定电池的电动势和内阻。（测定电动势和内阻的方案有哪些？每种方案要用到哪些器材？实验中要指导学生注意哪些问题？实验数据有哪些处理方法？还可以启发学生在课外测定水果、蔬菜等电池的电动势和内阻。）

（9）选修3-2：第四章第六节互感和自感。（通过什么方式让学生对互感现象和自感现象有一个感性认识？如何做好教材上的演示实验？）

（10）选修3-3：第八章第一节气体的等温变化。（如何指导学生用控制变量法探究气体等温变化的规律？如何指导学生掌握玻意耳定律和 P-V 图？如何用该定律解释现象？）

（11）选修3-4：第十一章第一节简谐运动。（如何做好弹簧振子的演示实验？如何组织好学生讨论弹簧振子的位移与时间的关系？教材中的实验可否用其他方式替代？）

（12）选修3-5：第十六章第四节碰撞。（提供哪些恰当的物理情境让学生思考讨论何为弹性碰撞、非弹性碰撞和何为对心碰撞、非对心碰撞？如何组织好有效的课堂讨论？）

三、训练程序

（1）以如下表格为参考格式，编写教学设计。

<table>
<tr><td>设计思路</td><td colspan="4"></td></tr>
<tr><td>知识点</td><td>教学情境设置</td><td>教学媒体</td><td>学生行为</td><td>设计意图</td></tr>
<tr><td>知识点1：</td><td></td><td></td><td></td><td></td></tr>
<tr><td>知识点2：</td><td></td><td></td><td></td><td></td></tr>
<tr><td>……</td><td></td><td></td><td></td><td></td></tr>
<tr><td>教学反思</td><td colspan="4">（自评方案，教学中可能遇到的问题或难点）</td></tr>
</table>

（2）依据教学设计写出详细的教案，可参考下表形式编写。

<table>
<tr><td>课题</td><td colspan="2"></td></tr>
<tr><td rowspan="3">教学
目标</td><td colspan="2">知识与技能</td></tr>
<tr><td colspan="2">过程与方法</td></tr>
<tr><td colspan="2">情感态度
与价值观</td></tr>
<tr><td>重点</td><td colspan="2"></td></tr>
<tr><td>难点</td><td colspan="2"></td></tr>
<tr><td>教学过程</td><td>教学内容</td><td>教学媒体、教法研究</td></tr>
<tr><td>（ ）分钟</td><td colspan="2">引入：</td></tr>
<tr><td>（ ）分钟</td><td colspan="2">展开：</td></tr>
<tr><td>（ ）分钟</td><td colspan="2">结束：</td></tr>
<tr><td>作业</td><td colspan="2"></td></tr>
<tr><td>课后分析
（课后反思）</td><td colspan="2"></td></tr>
</table>

（3）尝试编写微格教学的教案。

（4）在小组内陈述教学设计；小组内成员相互阅读、讨论详案和微格教案。

（5）用讨论修改过的微格教案进行试教。

（6）交流与评价。

对教学设计和教案情况在小组内进行认真的交流与评价，对教学设计和试讲的评价分别给出表 3-1 和表 3-2 的评价项目和评价要点，供大家参考。

表 3-1 中学物理教学设计的评价表单

评价项目	评价要点	权重
体现基础教育课程改革理念	课题的三维教学目标的确定和落实，教学行为和学习方式的转变，现代教学媒体的恰当运用，新的评价方法和理念的体现	0.35
符合设计规范	运用教学设计模式和操作规范设计方案，体现物理教学特点，所设计的教学过程及其依据表述清晰	0.25
原创与特色	对物理问题的处理、教学过程、情境的创设等有原创性的设计	0.20

续表

评价项目	评价要点	权重
实践中可行	具有较强的操作性，能切实提高教学效率和效果，对教学实践有较大的实用价值。设计的方案有教学实践的检验，有教学反思，反思中表明本设计的特色或亮点	0.20

表 3-2 中学物理教学（试讲）的评价表单

评价项目	评价要点	权重
教学理念	体现新课标精神，有强烈的学生主体意识、发展意识	0.10
教学目标	教学目标明确，符合该年级学生的认知水平以及心理发展水平	0.10
教学内容	从学生实际和教学要求出发选择和组织教学内容； 教学内容安排适量，教学难点、重点突出	0.10 0.10
教学过程	能创设激发学生学习的课堂情境； 体现教师、学生和文本之间的对话； 教学方法选择适当，并能有效地综合运用多种教学方法； 现代信息技术的运用能有效地服从和服务于教学	0.05 0.05 0.05 0.05
教师基本素质	普通话标准、流畅； 教态大方、自然，有亲和力，着装规范，有个人风格，精神面貌健康向上； 板书、板画美观规范； 课件设计合理适用； 善于驾驭课堂，应变能力强； 专业知识扎实，文化积淀丰厚	0.05 0.05 0.10 0.05 0.05 0.10

需要值得强调的一点：任何一次试讲前一定要有教案，对于初教者来说，最好是详案。试讲前反复熟悉教案，尽量做到在试讲时能脱稿讲课。每个同学试讲完后认真观看录像并交流评价，评价时，最好先自评，然后小组成员评，最后由指导教师点评，这样才会有更多的收获。

第四章　物理课程教学的基本技能

物理教学中课堂教学仍然是最主要也是最重要的形式，课堂也就成了教师教学和学生学习的主要场所。如何在有限的时空中使课堂教学达到最佳的效果，就成为一个永恒的课题。其中有一点是可以肯定的：作为一名教师一定要具备相应的课堂教学技能。本章从物理课堂教学技能概述、物理课堂教学的引入技能、物理课堂教学的展开技能、物理课堂教学的结束技能、物理说课技能五个角度对课程教学的基本技能展开了论述。

第一节　物理课堂教学技能概述

本节对什么是教学技能、教学技能的分类以及运用教学技能的原则作一简要概述。

一、关于教学技能

教学技能是微格教学研究的核心问题。如果没有一个可具体描述可操作的教学技能行为模式，则训练、反馈和评价都无法有效地进行。教学技能一般认为是教师在教学活动中特别有效地促进学生学习的活动方式，它是教师运用专业知识、教学理论、依据学习理论和教学原则进行教学设计、教学研究、组织课内外教学活动，有效地促进学生完成任务的活动方式。在教学中有时表现为一种操作活动方式，有时表现为一种心智活动方式，有时两者交接在一起，以综合的形式共同完成教学任务。可以说，教学技能是教师赖以发挥其内在素质、传输教学信息、完成教学任务的最基本保证。

北京教育学院微格教学课题组经过多年的研究和实验认为，根据不同的教育教学思想可以提出各种内容不同的教学技能。但要符合可训练的要求则必须满足一定的条件：①

（1）教学技能模式必须是对教师课堂教学行为的描述，而不是对教学提出概括性的原则要求。技能模式应该回答“做什么？怎么做？为什么要这样做？”的问题，应该可具体操作、可通过外部活动观察，可通过示范鲜明具体地展示开来。

（2）教学技能模式中的教学行为，应该是课堂教学中的基本行为，而不是宏观的、综合的教学行为。

（3）教学技能模式应该依据教学活动的行为方式、特点和教学功能的特点，对一类教学行为的概括。一项教学技能中的教学行为，在行为方式和教学功能方面具有某种共性，各项教学技能之间有比较明确的界定，具有共性的一类教学行为便于集中描述、示范和模仿，可构成基本的、稳定的教学行为模式。

（4）教学技能操作规则系统的合法性，应由相关的教育教学理论来说明，能实现理论对实践的指导，实现技能的教学功能的有效性。

（5）每项教学技能应具有明确的培训目标和可观察的具体评价标准。

教学技能的研究涉及心理学、教育学、教学目标等多方面内容，尤其是随着新一轮基础教育的改革深入，教师教学技能的研究必将会在实践中不断深化和完善。

二、课堂教学技能的分类

教学技能的分类在微格教学中至关重要。只有对教学技能进行科学、系统地分类，才有可能使微格教学更富针对性，充分发挥微格教学的特长，提高受培训者的整体教学水平。由于教学过程的复杂性、教学活动的多样性、教学条件的差异性，采取的教学策略必然是各不相同的，应用的教学技能也是富于变化的。下面介绍几种教学技能分类：

（1）英国的特罗特把在教学中能够观察、能够表现、能够实际量化分析并为教师所熟知的教学行为，分为六种教学技能：① 变化的技能；② 导入的技能；③ 强化的技能；④ 提问的技能；⑤ 例证的技能；⑥ 说明的技能。

（2）美国斯坦福大学的艾伦和瑞恩从构成教学技能的多种要素中抽出十四种要素为普通教学技能：① 刺激多样化；② 导入；③ 总结；④ 非语言启发；⑤ 强调学生参与；⑥ 流畅提问；⑦ 探索性提问；⑧ 高水平提问；⑨ 分散性提问；⑩ 确认（辨析专注行

① 孙立仁. 中学物理微格教学教程［M］. 北京：科学出版社，1999：3-4.

为）；⑪ 图解的范例应用；⑫ 运用材料；⑬ 有计划地重复；⑭ 交流的完整性。

（3）孟宪把课堂教学技能设定为：① 导入技能；② 教学语言技能；③ 提问技能；④ 讲解技能；⑤ 变化技能；⑥ 强化技能；⑦ 演示技能；⑧ 板书技能；⑨ 结束技能；⑩ 课堂组织技能。

（4）原国家教委在1994年下发的《高等师范学校学生的教师职业技能训练大纲》中，把教学技能分为五类：① 教学设计技能；② 使用教学媒体技能；③ 课堂教学技能；④ 组织和指导课外活动技能；⑤ 教学研究技能。其中在课堂教学技能中又设了九项基本技能，即导入技能、板书板画技能、演示技能、讲解技能、提问技能、反馈和强化技能、结束技能、组织教学技能、变化技能。

根据我们的教学经验和学生的反馈信息，我们觉得把物理课堂教学技能按课堂教学环节来训练更为有效些。因此在这一章里，我们将就课堂教学的三个重要环节（课堂引入、课堂展开、课堂结束）进行一一阐述并配以活动体验。

三、运用教学技能的原则

1. 灵活性原则

正所谓“教无定法”，课堂教学中用何种技能是没有固定不变的模式的。面对不同的教学内容和对象，应有不同的教学方法，并无确定的规律。应该说，各种技能方法都有它的特点，但也有不足之处，教师应该灵活多变地选择最优方法，也可以把多种技能方法综合运用，讲究实效。防止总是使用固定的、单一的形式，使学生感到枯燥、乏味。

2. 主体性原则

无论用什么样的技能方法，都必须把启发学生思维，调动学生积极性作为主要目标。在教学中应充分体现师生与生生间的思维互动，以促进学生的自我感悟。只有充分发挥学生主观能动作用，让学生主动有意识地参与到课堂教学中来，才能达到预期的效果。

3. 准、新原则

“准”指的是技能方法要紧扣教学内容，要注意所用资料的准确性和科学性。“新”指随着多媒体设备的普及，要充分发挥丰富多彩的视听手段的作用，并不断创造和总结新的形式、新的方法。

第二节　物理课堂教学的引入技能

一、关于课堂教学的引入

课堂教学引入技能是教师在每节课的开始或在进行新课题学习时，运用建立问题情境的方式，引起学生注意，激发学生学习兴趣，产生学习动机，并使学生明确学习目标的教学活动方式。课堂教学的引入对促使学生主动参与学习有着直接的作用。

（一）课堂教学引入在物理教学中的作用

1. 引起学生注意，尽快进入学习情境

注意力就像心灵的一扇门，意识中的一切必然都要经过它才能进来。在物理课的起始阶段，要给学生较强的、较新的物理学习材料的刺激，帮助学生收敛课前活动的各种与本节课的内容无关的思想和情绪，在大脑皮层和有关神经中枢中，形成对本课新内容的“兴奋中心”，把学生的注意力迅速集中并指向特定的物理教学任务和物理思考程序之中，为完成本课的物理学习任务做好心理上的准备。

在课的开始，由教师精心设计的物理学习情境，可以给学生较强的、新颖的刺激，促使其尽快地收敛课前各种分散的思绪，引起注意，为学习新课做好心理准备。引入的方式越新颖，就越容易引起学生注意。

2. 激发物理学习兴趣，引起学习动机

兴趣是入门的向导，是感情的体现，能促成学习动机的产生。学生对学习物理学有兴趣，就能全神贯注，积极思考各种物理问题。因此，在每一次新课之前，精心设计一些能够突出教学内容特点又符合学生认知规律的“情景剧”，会使学生产生强烈物理求知欲，渴望获得物理知识，不断探求更多物理奥秘。

3. 明确学习目标

在新课开始之前，为学习物理新知识、新概念、新原理和新技能作鼓动、引子和铺垫，高效快速地将学习目的、学习的内容让学生了解，无疑能使学生接下来的学习有较好的目的性、针对性，减少不必要的注意力耗散。

鉴于上述分析，我们可以概括课堂引入的技能要素有：引起注意、激发兴趣、温故知新、提出新问题，等等。

总之，一堂课的引入是课堂教学过程中的一个重要环节。成功的引入能够开宗明义，抓住学生的心理，引起学生的注意和学习的兴趣，把学生带入物理情境之中，充分调动学生的积极性，为出色完成教学任务创造必要的条件。这就要求我们物理教师做到：① 引入所选的材料要紧扣课题，且是学生熟悉的。即与教学内容和学生实际相适应，让学生通过引入知道本节课要学什么和为什么学；② 从生活走向物理。利用生活中有趣味且新奇的事例、紧迫的问题等引入课题，让学生产生强烈的探究心理和学习兴趣；③ 引入要能启发学生去发现问题，调动学生积极性，主动地思考。

特别说明，在教学展开中，各知识点的教学段落中也应该有引入，该引入除了有以上的作用以外，还有一个更重要的作用，那就是通过精心设计各知识点的引入，使整堂课各知识点之间自然过渡，逻辑清晰。在实践中，我们发现，试教者往往关注整堂课的教学引入，忽视教学段落的导入，过渡生硬，缺乏连贯性。而关于知识点之间的过渡，在教材中也常常有考虑到。如高中物理必修 2 中“圆周运动”一节，在讲完描述匀速圆周运动快慢的线速度后，以漫画呈现手表与闹钟之争，从而过渡到讲角速度。通过这样的过渡，很自然让学生明白在学习了线速度之后，还要学习角速度的原因。

（二）课堂教学引入的类型

物理课堂教学引入的类型要依据物理课堂教学的任务和内容、学生的年龄特征和物理学习心理需求，灵活多变地加以运用。在实际教学中常用的物理课堂教学引入类型有以下几种。

1. 陈述或设问，直接引入课题

此为“开门见山”的一种方式，教师简捷明快的陈述或设问，以引起学生的有意注意，诱发其思考所陈述内容背后的为什么。因此，所陈述的内容往往是学生所熟悉的，但其背后的为什么却又是学生所陌生的。恰好利用这“熟悉”和“陌生”的反差对比，激起学生的求知欲望。

示例　简单机械——滑轮

同学们，每周一上午 8:30 我们要做什么？（升旗仪式），那么，同学们是否有注意到，当护旗手向下拉绳时，旗却向上升了呢？（停顿，等学生思考）今天，我们就一起来研究一下和升旗有关的神奇的东西——滑轮（同时手上出示实物滑轮）。

但在直接引入中，切忌这种的引入——“今天我们来学习第×章×节×……”，这样的引入虽然简单容易，但效果一般不好。

2. 利用实验引入课题

物理是一门实验学科，充分利用丰富而有趣的物理实验作为课题的引入方式，实验富有启发性和趣味性，可以通过力、热、声、光、电等现象变化的展示，使学生在学习之始便于感官上承受大量刺激，获得大量物理感性信息，并提出思考题，让学生在“为什么”的指引下进入奥妙的物理殿堂，这样无疑会达到事半功倍的作用，让学生积极主动参与到教学中来。

示例 1　大气压强的存在

给学生一个医用针筒，可以轻易抽动，可当封住套针的小孔时，却不易抽动了。

示例 2　摩擦力的存在

让学生用自己的书来做实验。把甲书的一部分书页均匀地插到乙书的书页中，再在乙书中放重物，拉动甲书另一部分，却不会把甲书和乙书分开。

3. 讲述故事引入课题

中学生喜欢听故事。在物理学研究和应用的发展史中，有无数动人的、妙趣横生的故事，根据教材内容的特点和需要，选择相关片段作为新课导入，不仅避免了平铺直叙、沉闷的教学过程，而且可以寓教于趣，寓教于理，有助于培养学生的思维能力，亦可学习科学家献身科学研究的崇高品质，培养学生的科学情感。这也符合新课标中的三维课程目标要求。

示例　天然放射现象（物理学家的故事）

1896 年 2 月，法国科学家贝克勒尔受伦琴发现 X 射线的启发，想看看不能透过日光的黑纸能否透过 X 射线。一天恰好是天阴，他就把制备好的样品——一种含铀的晶体用黑纸包起来，放在抽屉里的照相底片上。几天后，他要做其他实验，要用底片，为了使实验记录可靠，他怕底片漏光而使实验记录不准确，便决定将其中一张底片冲洗看一下，以检验底片是否完好（治学严谨），不料冲洗后一看，他原先用黑纸包好的含铀的晶体的像赫然在目。他于是中断要做的实验，意识到这个像可能与样品有关，于是他赶紧仔细地进行实验研究，证明了铀确实发出了一种肉眼看不见且有穿透性的射线，这就是天然放射性的发现。如果不是他在科研中的严谨（检验底片）和科学的敏锐力（也许认为底片是因为包裹不实而漏光），他就不会做出这个重大发现。

实践证明，只要生动有趣的故事蕴含有学生未知的物理学知识，往往能激发学生的学习积极性。

4. 利用多媒体引入课题

多媒体因为其图像、音响等的多重作用，能产生较强的视觉、听觉的刺激效果，容易引起学生的注意和兴趣，能让学生很快进入到物理情境中来，实现课程新理念“从生活走向物理”的这一步，然后通过对该物理问题的概念规律等的学习，使其“从物理走向社会”。多媒体资源有多种可供选用，如文字、图片、照片、声音、动画和影片等。

示例　老师课前录制的实验视频

如在太阳光底下用凸透镜点燃棉花（凸透镜对光的会聚作用）、在操场上演示发射水火箭（反冲现象）、学生用接在灵敏电流计上的导线在空地上跳绳发电（电磁感应）。

5. 利用旧知识和经验引入课题

学生在长期的学习和生活中，积累了较为丰富的知识和经验。如果教师能很好地利用学生已有的知识和经验作为新知识的引入，其好处是显而易见的：① 符合学生认知规律，学习本身就是循序渐进的，知识的学习往往是从较低层次向较高层次扩展和加深。② 由旧到新的引入，符合学生心理需求，旧知识或经验，学生往往很熟悉，从已有的知识或经验到新知识的自然过渡，使学生感到新的物理知识并不陌生，便于将新的物理知识纳入原有的认知结构之中并进行积极地扩展，降低了学习物理新知识的难度。③ 能有效复习旧知识，巩固加深对旧知识的理解和掌握，便于学生参与到有效的新知识的学习中来，这就叫温故知新。④ 利用生活中积累的经验，可以体现新课标理念之一“从生活走向物理”。

示例　远距离输电（复习旧知识）

前面我们学习了交流发电机。发电机发出的电能要向远处输送，输电过程中，由于电流的热效应，在输电线路中有一部分电能将转化成热能损失掉，现在，让我们用学过的知识分析计算一下这种损失。例如，我们以一台中型发电机为例，若它的发电功率为5 000 kW，用发电机提供的10 000 V的有效值电压直接向外输送，那么电功率除以电压，得电流为500 A。假设输出电线上的电阻为2 Ω，大家注意，这个电阻值并不太大。（同学们于是可以利用 $P=I^2R$ 这个已学的公式计算出在输电线上的电功率损失为500 kW。）

实践证明，由于旧知识和生活经验对于学生来说，常常很熟悉，学生觉得亲切自然，所以很容易进入新知识的学习状态。

6. 利用魔术引入课题

许多魔术都用到物理原理，魔术的迷人之处在于可以看到你想象不到的事情。中学生天生好奇心强，用魔术来引入往往会有意想不到的效果。

示例　大变活鱼——大气压强

在一只装满水的碗中放入1～2条小金鱼，盖上与碗同色的塑料薄片（略软）。在大气压强的作用下，转动装有鱼的碗，塑料薄片不会掉下来，乍一看像是空碗。在"空碗"上盖上不透明布，故意停留几秒，然后在拿掉布时巧妙顺走塑料薄片，此时就看到原来的"空碗"里多了水和鱼。

二、课堂引入技能的活动体验

（一）课堂引入技能的评价

关于课堂引入技能的评价，可以采取传统的评价方法，也可以用前面提到的"2＋2"评价方式。具体见表4-1。

表4-1　物理课堂引入技能训练的评价表单

讲课人		评课人				
课题		日期				
评价项目		权重	评价等级			
			优	良	中	差
1. 目的明确、类型灵活		0.15				
2. 承上启下、过渡自然		0.20				
3. 引起注意、激发动机		0.15				
4. 事例媒体、新颖丰富		0.15				
5. 层次清晰、紧扣主题		0.10				
6. 点明课题、水到渠成		0.10				
7. 简洁高效、时间恰当		0.10				
8. 板书课题		0.05				
补充说明：						

成绩：________分

________年____月____日

（二）训练内容

1. 仔细阅读相关中学物理教材，填写前面的引入示例的技能目标和教学目标。

2. 用前面的引入示例进行试教，填写试教后的点评。

3. 选择高中或初中物理中的任一节，设计一个课堂引入的教学片段。为方便读者选择选题，下面提供部分训练选题供参考。

初中（北师大版）

（1）第二章第一节物体的尺度及其测量。（设计用什么方式引入？需要准备哪些实物或图片？还是用多媒体方式引入？）

（2）第三章第二节探究——比较物体运动的快慢。（用什么方式引入？引入时需注意和需要准备的是什么？）

（3）第八章第四节大气压强。（以什么方式引入？除了教材上的演示实验外，还可以设计哪些简便易行的演示实验？）

（4）第九章第一节杠杆。（如何引入课题？是学生的生活经验？还是用演示实验？还是利用多媒体？）

（5）第十一章第四节电流。（如何引入课题？如何化抽象为具体形象？可以是类比，也可以利用动画模拟演示。）

（6）第十四章第一节简单磁现象。（以什么方式引入？需要准备哪些实物还是图片，或是视频资料？）

高中（人教版）

（1）必修1：第一章第三节运动快慢的描述——速度。（以什么方式引入课题？如何让学生形成“速度”这个概念的表象？）

（2）必修1：第四章第一节牛顿第一定律。（如何用物理学史引入课题？可否用实验方式引入？）

（3）必修2：第五章第四节圆周运动。（可以利用学生哪些生活经验引入课题？可否用实物演示引入课题？）

（4）选修1-1：第一章第三节生活中的静电现象。（如何利用学生的生活经验引入课题？还是用演示实验引入？）

（5）选修2-1：第三章第一节电磁感应现象。（学生有哪些生活常识可以作为课题引入的资源？需用到哪些实物？）

（6）选修3-1：第一章第四节电势能和电势。（如何引入电势能和电势？在引入等势面时可否用地理中的等高线来类比？）

（三）训练目标

能合理地根据教学内容和师生具体情况选择恰当的引入方法；能熟练运用所选引入方法顺利自然地导入教学，并能做到：① 迅速集中学生的注意力；② 激发学生的物理兴趣和求知欲；③ 启发学生的物理思维活动；④ 让学生明确学习目的；⑤ 对同一课题尝试用不同的方法引入，勇于创新。

（四）训练程序

（1）仔细阅读前面部分的理论知识，尤其是所给出的示例。熟悉中学物理教材。

（2）观看录像资料。

（3）编写微格教案和评价时用的“2＋2”评价表单。

（4）在教师指导下，小组内各成员讨论其教案和评价表单的技能训练目标。

（5）在小组内试讲并录像，进行“2＋2”评价方式自评和互评。

（6）根据评价进行改进并重新试讲。

第三节　物理课堂教学的展开技能

当教师带着饱满的感情，用一些具体材料提出本节课要解决的物理问题后，教师把学生带入一种物理学习情境，学生急切想知其所以然，课堂便充满了生机和活力。这时，课堂教学就转入了分析问题、解决问题的中心环节。物理教师的工作是要考虑如何把物理问题展开，即把已经由物理学家建立起来的理论体系，按照一定的方式向学生展开，使学生能更好地接受。本节主要阐述在引入之后，如何有效地进行课堂展开。

一、关于课堂教学的展开

物理课堂教学展开技能是指教师在课堂教学导入之后，依据课堂教学目标要求、具体教学内容，以及学生的学习心理特点，运用适当的教学方法与媒体，引导学生分析、认识典型物理现象、物理过程，建立物理概念与规律，学习物理方法与物理技能，获得情感体验，实现教学目标的教学行为方式。

课堂教学展开是课堂教学的主体部分，课堂教学展开技能关系着整个教学的优劣与成败。

（一）课堂教学的展开在物理教学中的作用

在新课程目标中，包含了三个维度：知识与技能、过程与方法、情感态度与价值观。在课堂展开这一环节有效体现并达到这三维目标的作用。

1. 学生从中获取科学知识和技能

在课堂展开中最重要的目标之一就是让学生从中获取新的科学知识。教师在学生原有认知上，依据物理知识结构和学生的学习心理规律展开教学内容，使学生循序渐进地理解和掌握新的物理概念、物理规律，逐渐形成新的科学知识。

2. 学生经历模拟科学过程，学习和体会物理方法

学习物理知识的过程，其实就是让学生经历一个“模拟”的探究学习的科学过程。一方面，在经历科学过程时，启发引导学生“发现”物理事物、物理现象的特点或内在关系，总结出物理规律等。另一方面，在经历该过程时，注重学生对物理方法的学习和体验，培养学生科学探究的能力和创新意识。

3. 学生从中获得情感体验，培养态度和价值观

在经历科学探究过程时，让学生感受在此教学过程中的成功与失败、快乐与艰辛、得与失，感受创新的成就，感受合作与尊重的乐趣，使学生富有探究欲望，有克服困难的意志，有必胜的信念。

（二）课堂教学展开的类型

课堂教学展开的类型很多，依据不同的方式可以分成不同的类型。

首先，依据教学内容可以分为：物理概念教学的展开、物理规律教学的展开、物理习题教学的展开（规律概念的运用）等类型，下面一一简要概述。

1. 物理概念教学的展开

根据教学论，要形成科学概念，学习者必须具备：① 原认知结构中具有掌握新概念

所需的知识经验；② 能积极主动参与获得概念的过程；③ 理解新概念的逻辑意义。具体到物理教学，要形成物理概念，学习者应当在大量观察、实验的基础上，感受相应的物理知识经验；应当根据教材描述或教师的语言叙述积极思考，在头脑中构造物理图像，甚至为物理概念的形成提供“直觉”依据；应当努力使自己的思维表现出严密的逻辑性。通过概念教学力求使学生建立感性认识（知识经验）；引起学生积极思考进行科学抽象；剖析概念具备的严密逻辑性。

因此，我们可以归纳出物理概念的课堂展开应经历：引入概念的表象——形成概念的抽象——运用概念以完善认识三个主要的环节。

示例　对于“温度”这个概念的展开，可以设计如下环节：

表象：（老师事先给每个小组准备好一杯热水、一杯冷水）请同学们把双手的食指同时分别放入两杯水中（停几秒）。

问题：你们有什么感受？

抽象：物理学中用“温度”来表示物体的冷热程度。摄氏温度的单位是摄氏度，符号℃。

运用：在日常生活中，我们周围的气体温度直接影响到我们的感受，（PPT 展示当地的实时气温，以及夏天的平均气温和冬天的平均气温）气温高就热，气温低就冷。亦即越热温度越高。

通过这样的概念展开，学生很容易明白：① 如何定义概念的内涵和外延，该概念反映了客观事物的哪些属性；② 该概念是状态量还是过程量；③ 该概念和其他概念间的关系，尤其是一些容易混淆的物理概念之间的区别与联系；④ 概念的适用范围；⑤ 有定义式的物理概念其定义式是表示物理量之间的函数关系还是仅仅是一个量度式，如电阻的定义式 $R=U/I$；⑥ 与生产生活的联系等。

2. 物理规律教学的展开

通过对物理现象的观察与实验，在形成了的物理科学概念的基础上进一步总结物理现象所遵从的规律称为物理规律。物理规律通常分为物理定律、物理定理、物理原理。其中，由实验直接归纳建立的物理规律称为物理定律；由演绎推理（含数学推演）导出的物理规律称为物理定理、原理等。在运用物理规律之前，学生应该明白物理规律具有两个特殊属性：一是物理规律的建立是有条件的，外延是有局限性的。二是物理规律表现出因果性，即在规律所指明的具体条件下，必然产生规律所揭示的物理结论。

因此，我们归纳出物理规律的课堂展开应经历：提出问题—探求规律（实验或演绎推理）—讨论规律—运用规律四个主要的环节。

示例　在用控制变量法得出电阻定律的过程中，可以设计如下环节：

问题：导体的电阻与哪些因素有关？

实验探求：

实验 1　取相同的材料，且材料的横截面积相同的导体，测量导体电阻与长度的关系。

实验 2　取相同的材料，且材料的长度相同的导体，测量导体电阻与横截面积的关系。

实验 3　取长度和横截面积相同，但是材料不同的导体，测量导体电阻与材料的关系。

讨论：在不考虑温度对电阻的影响的情况下，R 在 ρ、S 一定时，$R\propto l$，在 ρ、l 一定时，$R\propto \frac{1}{S}$；在 S、l 一定时，$R\propto \rho \rightarrow R=\rho\frac{l}{S}$。

运用：……

通过这样的规律展开，学生很容易掌握：① 得出规律的过程与方法；② 物理规律与有关的物理概念之间的联系，如动量定理将冲量（过程量）与动量（状态量）联系起来，而热力学第一定律将热量（过程量）、功（过程量）与内能（状态量）联系起来；③ 物理规律的含义和公式内容以及规律描述中的关键词语；④ 物理规律的运用条件，不同的规律建立的条件不同，其运用的范围也是受限制的；⑤ 物理规律在生产与生活中的运用；等等。

3. 物理习题教学的展开

习题教学往往是对学生所习得的某些概念和规律的具体运用。在课堂展开中的习题教学重在分析和给出解决某类问题的方法。因此我们认为物理习题教学的课堂展开应经历：给出题目—解决问题的突破口—模拟或图示问题情境—解决问题的途径—解题并拓展。

示例　在解如下这道题中，可以从以下步骤去展开讲解：

题目：某暗盒内是由若干定值电阻连接成的电路，从该电路中引出四个端子 1 和 1′、2 和 2′，如图 4-1 (a) 所示。已知，(1) 当 2-2′端短接，1-1′端加 $U_1=9$ 伏电压时，测得 $I_1=3$ 安，$I_2=3$ 安，方向如图 4-1 (b) 所示。(2) 当 1-1′端短接，2—2′端加 $U_2=3$ 伏电压时，测得 $I_1'=1$ 安，$I_2'=1.5$ 安，方向如图 4-1 (c) 所示。试确定暗盒内能满足上述条件的最简单的电路并计算构成此电路的各电阻的阻值。

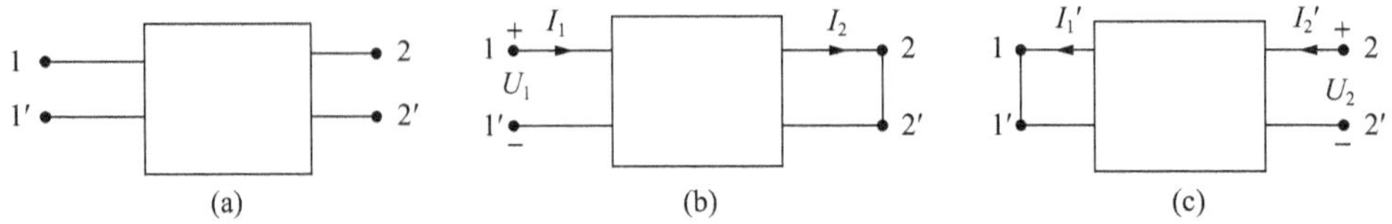

图 4-1　暗盒电路（一）

解决问题的突破口：解决该问题的突破口是“最简单的电路”这个关键词，所以在探求电路时，应从组成电路最少的电阻数开始。

图示问题情境：找到突破口后可以做分析：① 若盒内只有一个电阻，很容易判断，无论如何不能满足（1）和（2）条件，故舍去。

② 若盒内有两个电阻，一种情况是单纯的串联或并联，而此种情况均等效为一个电阻，如前①所述，故仍要舍去；另一种情况则为两电阻组成三角形，而组成三角形的形式又有两种，可以画出如图 4-2（a）和图 4-2（b）的图示。

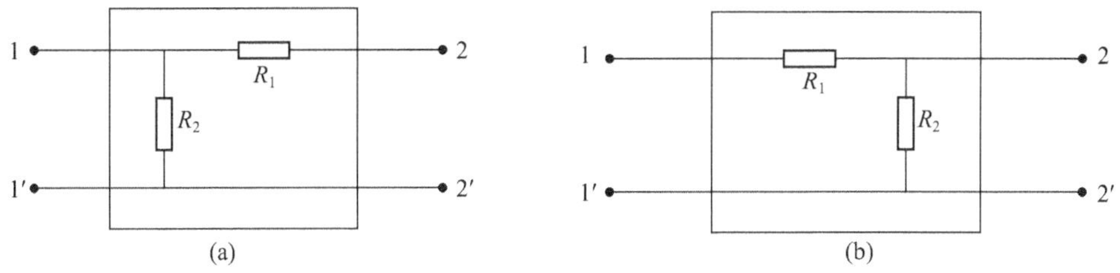

图 4-2　暗盒电路（二）

而图 4-2（a）所示的电路显然不能满足条件（1），不符合题意，故舍去。这样就得到了最简单的电路为图 4-2（b）。

解题：$R_1=\frac{U_1}{I_1}=3.0\ \Omega$，$\frac{U_2}{I_1'}=R'_{等效}=2.0\ \Omega$，$R'_{等效}=\frac{R_1R_2}{R_1+R_2}\Rightarrow R_2=6.0\ \Omega$

通过这样的解题讲解，学生不光会做这道题，更重要的是学会了解题的思路与方法，能举一反三，能正确地找到解决问题的途径，这才是习题教学的精髓所在。

其次，依据新课标理念，下面主要介绍两种课堂展开的教学模式。

（三）课堂教学展开的模式

1. 探究式课堂展开教学

新课程注重科学探究，它提倡教师应善于运用探究式的教学方式，帮助学生建构起有意义的知识，增进学生对科学探究的理解，并提高学生的科学探究能力。

同时，科学探究又是学生的学习方式和学习内容，在物理课堂教学中应该渗透科学探究的理念。具体做法可以有理论或逻辑上的探究推理，也可以是用探究性实验来进行问题的探究。实验探究展开通常为：问题—实验—观察—结论—运用等几个环节，突出以实验为主要手段，创设与物理问题对应的物理情境。而理论或逻辑上的探究展开通常为：问题—思考推理—矛盾—重新思考推理—结论—应用等几个环节，突出逻辑结构的分析，由物理问题引向知识的建构。

示例　万有引力定律（理论探究）

（提出问题）行星的运动是变速运动，变速运动就一定有加速度，所以行星在运动过程中一定受到了力的作用，这种力是什么力？它是怎样产生的？

（给材料并思考）看见苹果从树上落下来，牛顿提出问题：苹果为什么不会飞向空中，而落到地面上呢？如果苹果树长得很高很高，苹果还会落向地面吗？

（推理）苹果落地应该与树的高度无关，那么，如果苹果树长到月亮的高度，苹果还是应该落向地面。

（以推理得矛盾）如果把月亮看成一个是很高的树上的苹果，那月亮为什么不落向地面呢？

（再次给材料设想）如果在高山上把一个物体抛出去，物体将沿曲线运动直至落到地面上，抛物体的速度越大，物体就飞得越远。如果物体的速度足够大，那将发生什么现象呢？

（猜想）物体将不会落到地面上，而是绕地球旋转。这个物体会不会变成另一个“月亮”呢？它为什么不飞离地球，而忠实地绕地球旋转呢？

（进一步猜想）地球和月亮之间一定存有一种相互作用的力，正是这种力使月亮绕地球旋转，地球绕太阳旋转等，宇宙中的星辰按“一定法则”运行。

（推证）应用圆周运动知识和开普勒定律等推证可得：相互作用的力取名叫万有引力，那个“一定的法则”则是万有引力定律。

2. 问题中心式课堂展开教学

问题中心式展开教学是指围绕某些知识点，一环扣一环提问，由学生根据这些问题边思考边讨论使知识系统化，层层深入。这种教学模式有利于积极引发学生发散思维，有利于培养学生提出问题、分析问题的能力，让学生主动参与到教学中来。在此过程中，教师首先要注意提问的梯度，不能有太大的思维跳跃；其次要鼓励学生动手推算，甚至是动手做实验验证。

示例　关于浮力（阿基米德定律）

教师可以在上课前准备一些器材，比如：演示用弹簧秤、石块、线绳，演示用烧杯、水、酒精、水银等，然后逐次提出如下问题，启发学生思考、回答并实践。

问题 1 演示弹簧秤，这是什么仪器？

问题 2 怎样用它测出石块质量？

问题 3 用什么实验可以证明在水中下沉的石块也受到水的浮力？浮力的方向如何？施力者是谁？

问题 4 石块浸没在水中的浮力是多少？写出表达式。

问题 5 石块浸没在水中受到的浮力与深度是否有关？为什么？请设计实验证明。

问题 6 石块的体积是多少？计算过程。

问题 7 石块的密度是多少？计算过程。

问题 8 这种利用弹簧秤和水求石块密度的方法应用了哪些知识？

问题 9 石块浸没另一种液体中，弹簧秤示数，石块受到的浮力是多少？

问题 10 此液体的密度是多少？计算过程。

问题 11 将石块放在足够的水银中，待石块静止后，它受到的浮力是多少？

问题 12 石块浸没在水中下沉，浸没在水银中上浮，这是为什么？物体的沉浮条件是什么？

值得指出的是，在提倡自主学习和合作学习的今天，物理教师的课堂展开应当尽可能地发挥学生的主体作用。比如，实验方式展开时，教师首先引导学生设计出能够研究所提出的物理问题的实验，也就是能够验证“猜想和假设”的实验，然后根据自己的设计去做实验，去归纳得出结论。而逻辑方式展开，教师以问题开头，引发学生积极参与思维，以问题穿针引线，推动学生思维深化，最后形成新的物理认知结构。这样的展开就能让学生积极参与学习的过程，从而使其在观察实验、思维判断方面都有亲身的体验，都能有所发展。

（四）课堂教学展开中须注意的要点

课堂教学的展开在整个课堂教学中是很重要的一个环节，对教师各方面的教学技能的使用要求多而高。具体说来，有如下这些要注意的。

1. 注意课堂讲解技能的运用

不管用什么方式展开教学，用教学语言来讲解是必不可少的。需要强调的是：在新课程理念下所倡导的课堂中的“讲解”是“填补空隙”。换言之，非“空隙”部分，用不着教师再去唠叨了，但习惯了以讲解为主（满堂灌）的老师很注重讲解中的“清楚明白”及“促进理解”的成分，而忽视“填补空隙”的成分。当然，从新的理念来看，教师应作有序的、有控制的“填补”，而非全盘托出，教师应该进行恰当的引导、帮助，要给学生留下一份“合适的工作”“足够思考的空间”，从而由学生通过努力来达到“填补”的效果。因此，课堂讲解技能更多地体现为“说明”和“指导”。

当然，在讲解过程中也必须要做到：① 讲解要有科学性；② 讲解的方式要适合学生要求；③ 讲解的语言要有教育性；④ 讲解一定要有启发性。同时，讲解一定要流畅，充满感情和艺术性。

2. 注意课堂教学中的提问技能

① 创设良好的提问环境。首先要注意教师的态度要自然，要有亲和力；注意培养师生间的感情，消除学生的紧张心理，鼓励学生积极回答问题，敢于发言。其次教师要有耐心倾听学生作答，对学生的回答适时给予启发和肯定，对意外的答案切不可妄加评判，要善于肯定学生创新思维。② 体现提问的艺术性。首先注意提问的针对性：问题的难易要适度，既不能过高也不能过低，否则都难以激发学生进行积极的思考；提问要面向全体学生，按全班中上水平设计提问，使大多数同学能够参与答问；适当兼顾“两头”和某些特殊水平的学生，以活跃物理课堂教学的学习气氛。其次提问的表述要清晰、简明、易懂。同时要控制语速、语调等。

3. 其他技能的综合运用

在课堂展开中，还应注意如板书板画、多媒体、实验等各种技能的综合运用。由于这些技能在课堂教学中的重要性，将在后面章节逐一单独介绍。

二、课堂展开技能的活动体验

（一）课堂展开技能的评价

关于课堂展开技能的评价，可以采取传统的评价方法，也可以用“2＋2”评价方式，下面提供表 4-3 的评价表单，供读者在评价时参考。

表 4-2　物理课堂展开技能训练的评价表单

讲课人		评课人				
课题						
评价项目		权重	评价等级			
			优	良	中	差
1. 中心问题，展开的层次分明		0.20				
2. 教学模式科学合理，重视学习方法		0.15				
3. 体现教师主导、学生主体		0.15				
4. 各环节衔接有逻辑性，过渡自然		0.10				
5. 激励学生积极参与，关注情感体验		0.20				
6. 教学方法灵活多样并使用得当		0.20				
补充说明：						

成绩：________________

________年____月____日

（二）训练内容

（1）用前面的示例进行试教，并认真补充所缺内容。

（2）用合适的教学展开方式，对高中或初中物理教材中具体某一章节编写微格教案，并进行教学展开的训练。

（3）训练选题（仅供参考）。

初中（北师大版）

（1）第四章第二节乐音。（如何对音调、响度、音色等几个概念的展开讲解？）

（2）第八章第二节液体内部的压强。（设计什么实验探究“液体内部压强的关系”？利用实验结论得出哪些规律？）

（3）第九章第四节功率。（讲完功率这个概念后列举哪些典型例题？如何分析例题进行讲解？）

高中（人教版）

（1）必修 1：第一章第三节运动快慢的描述——速度。（展开 1：如何从速度概念到平均速度和瞬时速率的概念？展开 2：举例进行习题教学。）

（2）必修 1：第四章第六节用牛顿定律解决问题（一）。（列举典型例题分别讲解：① 从受力确定运动情况；② 从运动情况确定受力；③ 共点力的平衡条件；④ 超重和失重，重在对习题的分析，教解题的思路和方法。可以任选一个作为习题教学的展开片段。）

（3）必修 2：第七章第八节机械能守恒定律。（采用什么方式得出此定律？如何讨论该定律？举哪些例题巩固完善对该定律的认识？）

（4）选修 1-2：第一章第二节物体的内能。（如何展开讲解本节的温度、分子势能、内能等几个概念？如何运用以完善对概念的认识？）

（5）选修 2-1：第三章第二节感应电动势。（采用什么方式进行课堂教学的展开？如何探究影响感应电动势大小的因素？如何展开讲解右手定则的内容及其运用？可以分成两个展开片段进行教学。）

（6）选修 2-2：第一章第四节力矩的平衡条件。（如何引导学生得出该条件？列举典型习题分析运用之。）

（7）选修 3-1：第一章第四节电势能和电势。（如何提供科学的表象进而抽象出等势面这个概念？如何图示之？）

（8）选修 3-2：第四章第三节楞次定律。（如何设置物理情境进而探求物理规律？从哪些方面讨论该规律？如何运用规律？）

（9）选修 3-3：第七章第二节分子的热运动。（如何提供科学的表象进而抽象出概念？如何设置问题情境探求出分子热运动的规律？）

（三）训练中的注意要点

1. 注意各环节之间的相互衔接与过渡

课堂教学总是围绕中心问题来展开的，这个中心问题需要分解为若干有层次的系列问题分别进行探讨，中心问题向系列问题的过渡、系列问题之间的衔接，都需要进行精心设计。应该说，衔接和过渡在课堂教学展开中是十分重要的。

2. 注意引导学生参与教学

鼓励学生参与教学其实质就是让学生真正经历感知与分析思考问题等心理过程，用心体会在教学中要让学生处于“主体”地位，而教师为“主导”地位。

3. 注意在课堂展开中尽可能地体现科学探究的教学模式

即提出问题、鼓励学生猜想、提出解决问题的方案、能有效地展开探讨验证以及进行评估等。

4. 注意对学生情感态度和学习方法的培养

仔细阅读新的物理课程标准，体会课程目标中的三个维度，在教学中注重情知对称。关注学生学习方法的掌握，引导学生进行自主学习和合作学习。

5. 清楚课堂展开技能的训练要素

① 科学性：物理情境设置科学，展开有逻辑性和程序性，能帮助学生建立起科学的概念和规律（学生不但知道概念和规律的“果”，而且还知道概念和规律背后的“因”），并能运用科学的方法解决问题；② 启发性：通过语言的讲解和其他媒体的运用启发学生的思维，激发兴趣，提示诱导把握最佳时机；③ 适应性：展开要根据具体教学内容选择合适的教学方式，讲解的内容要符合学生的认知心理和认知水平等；④ 协调性：各教学环节的过渡和衔接要自然流畅，师生之间的交流、问题情境的处理、再现物理现象等要合理生动，鲜明到位。

（四）训练程序

（1）选择合适的展开模式撰写相应的教案。

（2）在小组内用所写教案进行试讲，各小组成员进行认真的自评和互评。

（3）进行修改后再次试讲。

第四节　物理课堂教学的结束技能

在中学物理课堂教学中，教师往往较为注重教学引入，重视教学的展开和深入，但却常常忽视一堂课的结束设计。从教学的角度讲，一堂好的教学，不光要有“凤头”，还应有“豹尾”，否则将会影响整个教学效果。本节主要阐述如何做好一堂课的结束，给出部分示例并进行活动体验。

一、关于课堂教学的结束

课堂结束技能是教师运用归纳总结、实践活动、转化升华等教学活动对所学的知识和技能及时地进行系统化巩固和运用，并使新知识有效地纳入同化和扩展学生原有的认知结构的教学行为中，它不仅限于物理新概念、规律、原理和实验等新知识的课堂教学环节，也广泛应用于一个章节或一个单元新知识的教学结束。

一个好的课堂结束设计，往往费时虽少，收效却大。从学生角度来看，可以使所学的知识条理化、系统化、把新旧知识有机地进行串联，使学生获得清晰而深刻的印象，强化记忆；又可以帮助学生巩固课堂知识，检查学习效果，同时为下一课的学习打下伏笔，承上启下，适当地将知识引申拓宽，促使学生的思维活动深入展开，激发继续学习的积极性。从教师角度来看，可以通过提问和习题检查教学效果，为改进教学提供依据。

（一）设计课堂教学结束的技能要点

1. 重申该节课所学物理知识的难点和重点之所在。

2. 概括本次教学任务的知识结构，强调关键的物理事实、实验、概念和规律等。

3. 通过练习、操作、提问、概述、小结、纠错和评价，检验本节课教与学的效果。

4. 引导学生分析和总结自己的物理思维过程和方法。

5. 明确结论或引导学生运用发散思维进一步思考，或提示学生继续课外实验活动等，鼓励学生进行有效的知识拓展。

6. 布置针对性强、数量恰当的作业。

7. 结束时节奏紧凑、简明、高效，切忌无原则的拖堂。

（二）物理课堂教学结束的常用方法

1. 总结归纳式结束

总结归纳式结束，一般用于新知识密度大的课堂小结。为了帮助学生理清所学知识的层次结构，掌握其外在的形式和内在联系，形成知识系统及一定的结构框架，在课堂结束时利用简明准确的语言、文字、表格或图示将一堂课所学的主要内容、知识结构进行总结归纳，经常且科学地小结知识，将有力地促进由感知向理解的飞跃，小结可用板书、板画、PPT 等形式，用来突出重点，了解本质，便于记忆，使学生对整堂课有一个完整清晰的印象。但切忌简单地复述板书的各标题，而忽略准确抓住知识的内涵和外延。

例如，牛顿第三定律一课的结尾可小结为：五同二反（同大小、同作用、同性质、同存亡——同生共死、同变化——同甘共苦；方向相反、作用在不同物体）。

又如在“楞次定律”这节课结束时，可总结为：增反减同。

也可以用改变板书的方式进行归纳总结，如在讲完“电势差”以后，可以把前一节的电势能和电势一起在课堂结束时以网络式板书归纳如下：

电场能的性质
- 电势能：E_{pA} → 电荷在 A 点的电势能（可与重力势能类比加深理解）
- 电势：$\varphi=\dfrac{E_p}{q}$ → 等势面（电场中电势相同的点组成的曲面）
- 电势差：$U_{AB}=\varphi_A-\varphi_B=\dfrac{E_{pA}}{q}-\dfrac{E_{pB}}{q}=\dfrac{E_{pA}-E_{pB}}{q}=\dfrac{W_{AB}}{q}$
  → 电场力的功 W_{AB}

2. 练习巩固式结束

有些教学内容，物理概念的引出、规律的建立并非难事，但让学生彻底理解、掌握并能灵活地运用却非易事。这种方式的结束就是针对学生理解和应用某些知识时常出现混淆是非的现象，有目的、有计划地进行解题练习。在新课结束时，通过提问、板书板画、小测验等手段实施训练，以达到完善、巩固和深化知识的目的。同时，教师也可以通过练习结果，及时了解学生的学习情况，反馈教学信息，切准学生的“脉搏”以利于调控和把握教学进程。

如摩擦力教学时，学生一看公式 $f=\mu F_N$ 便会感到计算摩擦力如此简单，但学生并非真正理解其物理含义，此时教师需将要强调的内容巧妙地化为富有思考性的问题，如可通过斜面上物体的受力分析练习，弄清物体对斜面的压力 F_N 与斜面倾角的关系，这样可有效地防止学生将物体的重力和物体对斜面的压力混为一谈。

又如，在讲完电势、电势差、电势能等概念后，可以举以下两个针对性强的例题以帮助学生巩固所学的知识。

题 1　两带电小球，电量分别为 $+q$ 和 $-q$，固定在一长度为 l 的绝缘杆的两端，置于电场强度为 E 的匀强电场中，杆与场强方向平行，其位置如图 4-3 所示，若此杆绕过 O 点垂直于杆的轴旋转 180°，则在此过程中电场力做功为多少？

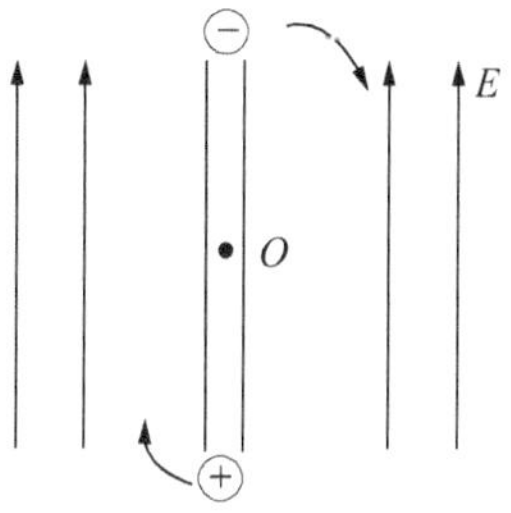

图 4-3　电场做功

分析与解答　杆顺时针转动时，电场力对两个电荷均作正功，所以 $W_总=W_1+W_2$。由电场力做功与路径无关，得 $W_1=qU=qEl$，$W_2=qU=qEl$，所以 $W_总=2qEl$。

此题中因电荷受电场力大小、方向均不变，所以用 $W=FS$ 也可求出总功 $W=2qEl$。

题 2 如图 4-4 所示，正点电荷 Q 的电场中有 A、B 两点。(1) 在 A 点分别放置负电荷 q_1 和 q_2，q_1 的电量大于 q_2 的电量，问这两个电荷的电势能谁较大？(2) 比较同一负电荷在两点的电势能的大小。

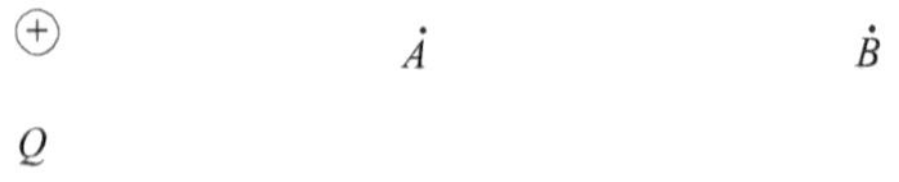

图 4-4

分析与解答

(1) 电荷不移时，利用任一点 P 的电势能 $E_P=q\varphi$ 判断，由于理论上取无穷远电势为零，因此正电荷 Q 的电场的电势大于零，即 $\varphi_A>0$，因 q_1 和 q_2 均为负，所以它们的电势能都为负，由 $|q_1|>|q_2|$ 知 $|E_{PA1}|>|E_{PA2}|$，故 $E_{PA1}<E_{PA2}$，即 q_2 的电势能较大；

(2) 设想把这一负电荷由 A 移至 B，利用功来判断，因为把负电荷由 A 移至 B 过程，电场力做负功，所以该负电荷的电势能增大，即该负电荷在 B 点电势能较大。

通过讲解例题后，强调电场力对移动电荷做功与具体路径无关，以及正电荷在电势越高的地方电势能越大，负电荷在电势越低的地方电势能越小。通过例题强调可以让学生记忆更深刻。

3. 设置悬念式结束

此种结束就是前面的课为后面的教学埋下伏笔，后面的教学为前面的教学释疑提高。如果上下两节课的内容和形式均有密切联系时，更适用于悬念式结束。作为教师，我们都深知思维总是从问题开始的，下课是一节课的结束，但最忌讳的却是真的结束了。所以，在教学结束时常常使用设立悬念的方法，使学生在“欲知后事如何时”却戛然而止，从而给学生留下一个有待探索的未知数，激起学生学习新知识的强烈欲望，使“且听下回分解”成为学生的学习期待。

例如，磁场对运动电荷的作用一课将结束时，用洛伦兹力演示仪演示，当无磁场时电子束轨迹是直线，当电子束初速度方向与磁场方向垂直时，电子束轨迹发生偏转，增大磁场，偏转加剧，到最后轨迹竟是一个圆周，学生惊叫起来。最后提问：这是什么原因？如此结束使得带电粒子在磁场中的圆周运动引起了学生的兴趣与思考，并乐意去预习下一节内容。

4. 首尾呼应式结束

有些课是采用提出问题，创设问题情境导入课题。这样简捷明快，有利于激发学生兴趣。但是如果问题总是悬而未决，学生的积极性就会受到极大的挫伤。因此，课堂结束时，应指导学生用新学的知识分析解决上课时提出的问题以消除悬念。使导入和结束互相呼应。这样既巩固了知识，又使学生享受到运用新知识的乐趣和心理满足。例如在“人造卫星”一节，若采用设疑的方式导入：我国的同步卫星，为什么不发射在北京的上空，而在印度尼西亚的上空？这不是舍近求远吗？学生都觉得很新奇，带着这个问题，师生共同分析研究天体运动的规律，在结束时又分析同步卫星的运动情况，总结出同步卫星不在北京上空的原因。这样首尾呼应效果更好。

5. 探索发散式结束。

许多学生都有个很不好的学习习惯，认为课上完了，学习过程也告一段落。但事实上应是物理课虽然上完了但物理学习却没有结束。因此，在课堂结束时，可以有意识地将话题向课外引申，把结束作为联系内外的纽带，鼓励学生走出课本，探索生活中的物理知识。真正实现“从物理走向生活”的新课程理念。例如，上完“电阻定律电阻率”一节，可以介绍超导体的形成和实际应用情况，然后简要地介绍磁悬浮列车，最后向学生提出这样的问题：在高速磁悬浮列车的工作原理中，哪些是我们学过的物理原理，请大家课后查阅有关资料，或者有机会去上海时，亲自体验一下磁悬浮列车。这样的课堂结束，能很好地成为联系第二课堂的纽带，将课内求知过程发散，指导学生自觉去课外寻求课堂上学不到的知识。

6. 比较记忆式结束

这种结束将新知识与学过的知识进行对照，同中求异，掌握事物的本质特征加以区别；异中求同，掌握事物的内在联系加以深化。心理学研究告诉我们：“比较”是认识事物的重要方法，是进行识记的有效方法，它可以帮助我们准确地辨别记忆对象，抓住它们的不同特征进行记忆；可以帮助我们从事物之间的联系上来记忆对象；也可以帮助学生拓展思路使新旧知识融会贯通，提高知识的迁移能力。比较记忆式结束，一般用于表达形式非常相近、知识结构十分相似或学生容易混淆的概念、规律的教学内容。

例如，在讲授完右手定则后，我们可以将它与左手定则进行比较，使学生找出两者的区别与联系，加深对安培力和电磁感应现象的理解，从而有效地避免这种知识的负迁移现象。

7. 对话讨论式结束

在课堂教学结束时，教师可以提出一些与本节课所学的知识点有关的问题，在师生间或学生间展开对话讨论。这样不仅能够加深学生对知识点的理解，还能调动学生学习的积极性，培养学生的思维、表达等多种能力以及情感等多种非智力因素。

例如，为了加深对加速度的理解，课堂结束时，可以讨论下面几个问题的对与错：① 物体的速度大，它的加速度越大；② 物体的速度变化越大，它的加速度越大；③ 加速度是物体增加的速度；④ 物体的速度变化越快，它的加速度越大；⑤ 物体运动的速度随着加速度的减小而减小；⑥ 物体的运动速度为零，加速度一定为零。

8. 自由复习式结束

课堂教学有个把握提高信息量的问题，为此不少教师便从讲课内容上进行扩展，想着让学生一节课内接受高容量的知识。基于这个目的，课堂上必然分秒必争，更不用说在课堂结束时留一点时间让学生自由复习或总结了。实践证明，适当加大点容量，在学生基础、情感适合的情况下，课堂效益的确会较大提高。而那些不考虑学生和教学内容的实际情况，大容量方式只会起到负效应。在课堂结束这一环节中，从知识的理解与识记的规律上说，应该适当安排一点时间让学生自主整理这节课的内容，并且在理解的基础上加以记忆。需要强调的是，理科忌死记硬背，但理解也离不开记忆。与其抢着在最后几分钟讲一例题，不如将这几分钟给学生，让学生针对自己这一节的学习情况去活动、调整，使已建立的知识表象更清晰深刻，以便达到有效教学的目的。

二、课堂结束技能的活动体验

（一）课堂结束技能的评价

关于课堂结束技能的评价，可以采取传统的评价方法，也可以用“2＋2”评价方式，下面提供表 4-3 的评价表单，供读者在评价时参考。

表 4-3　物理课堂结束技能训练的评价表单

讲课人		评课人				
课题						
评价项目		权重	评价等级			
			优	良	中	差
1. 概括全面，重难点突出		0.25				
2. 思路清晰，结构完整		0.15				

续表

评价项目	权重	评价等级			
		优	良	中	差
3. 习题难度适中，强化巩固知识	0.15				
4. 设置窗口问题，注意承上启下	0.25				
5. 激起对所学知识的实践体验	0.15				
6. 高效紧凑，不拖堂	0.05				

补充说明：

(二) 训练内容

(1) 用前面的示例进行试教，并认真补充所缺内容。

(2) 用合适的教学结束方式对高中或初中物理教材中具体某一章节进行教学结束技能的训练，时间为 3～5 分钟。

(3) 训练选题。

初中（北师大版）

(1) 第一章第六节生活和技术中的物态变化。（该节是本章的最后一节，如何做好总结固体、液体、气体三态之间的变化关系？列举生活中哪些现象供学生讨论？以检查学生掌握情况。）

(2) 第二章第二节物体的质量及其测量。（如何总结本节课的知识要点？如何为下节课讲物质的密度做准备？）

(3) 第五章第二节光的反射。（如何强化光的反射定律这个知识重点？如何比较归纳镜面反射和漫反射的区别和联系？）

(4) 第六章第一节透镜。（如何通过问题和练习巩固学生对透镜的相关知识的理解和运用？布置哪些课外活动让学生做些小实验？）

(5) 第七章第五节二力平衡。（通过哪些图示让学生巩固二力平衡的知识？布置哪些小实验让学生在课外自己尝试？如何为本章的后续课做准备？）

(6) 第八章第二节液体内部的压强。（本节主要是利用实验探究液体内部的压强，如何在课堂结束时及时总结实验方法和实验结论？如何用实验结论组织学生讨论典型的问题?)

高中

(1) 必修 1：第四章第二节实验：探究加速度与力、质量的关系。(如何总结本节的知识与技能、过程与方法、情感态度与价值观？如何使学生为下节课学习牛顿第二定律的内容及其应用做好准备?)

(2) 必修 1：第一章第三节运动快慢的描述——速度。(如何总结本节课的几个概念？其中对核心概念“速度”如何强化？在拓展概念“平均速度”“瞬时速度”“速率”等方面如何加强学生的理解?)

(3) 选修 1-1：第一章第二节电场。(准备哪些典型的例题强化学生对电场强度的理解和运用？准备哪些讨论题或练习题检验学生对电场性质和电场线的理解?)

(4) 选修 3-1：第二章第六节导体的电阻。(如何指导学生总结控制变量的研究方法？准备哪些问题和练习巩固对电阻定律的运用?)

(5) 选修 3-1：第二章第五节焦耳定律。(本节有哪些知识的重点和难点？如何通过总结和练习突出重点、突破难点？哪些典型例题强化焦耳定律的运用?)

(6) 选修 2-3：第一章第一节光的折射　折射率。(可否列表对比本节所讲的反射定律和折射定律？可以准备哪些折射定律的应用的典型例题？如何为下节课讲全反射作铺垫?)

(三) 技能训练要素

1. 巩固新知识，强化应用。在课堂教学结束时，通过总结使学生对这堂课的学习内容有较清楚的理解，巩固新知识，在加深理解的同时，要精心选题，加强应用。

2. 检验教与学的效果。通过学生练习、回答提问、实验操作、归纳总结等方式检验学生学习和教师教学的情况。

3. 提出新问题为后续课奠基。在课堂结束时，精心设计问题，既是本节课知识的深入运用，又为下节课设置“窗口”，作为下节课承上启下的“引子”。这样的问题可以使学生有针对性地预习。

4. 知识的条理化和系统化。紧扣教学目标及时进行总结，重点突出地概括知识主线，并兼顾前后知识系统概括以便形成整体，从而使学生不断形成新的认知结构，知识体系逐步趋于完整。

（四）训练程序

1. 选择合适的结束模式撰写相应的教案和评价表单。
2. 在小组内用所写教案进行试讲，各小组成员进行认真的自评和互评。
3. 进行修改后再次试讲。

第五节　物理说课技能

“说课”是教师面对同行和专家，以科学的教育理论为指导，以讲述的方式将自己对课标、教材的理解和把握、课堂程序的设计和安排、学习方式的选择和实践等一系列教育教学元素的确立及其理论依据进行阐述的一种教学研究活动。简言之，即做什么，怎样做、为什么这样做。“说课”集中简练地反映教师的教学理念、教学技能和教学风格，充分体现教师教学水平和教学智慧；强化教师教学的理性因素，督促教师学习教育教学理论，更新教育观念，有效地促使教师在教学实践中反思教学行为；强化教师同行之间双向交流，使教师备课的隐性内涵显性化，教学系统开放化，是教师智慧生成与表达的重要手段，是智慧型教师成长的重要途径。

“说课”是涵盖备课、上课和听课的一种集体教学研究活动。从涵盖备课的角度讲，说课的基本内容为：“说教材”“说学生”“说教学法”和“说教学程序”；此后还可以“自评”一下教学设计或是说说板书设计等。从涵盖上课和听课的角度讲，说课还有一个基本内容为：说教学实效（亦即课后反思）。本章从“说教材”技能、“说学生”技能、“说教学法”技能和“说教学程序”技能以及课后反思型说课技能等方面剖析中学物理说课技能及其训练。

一、“说教材”技能

新课改背景下，对教材的理解发生了根本性的变化。教师要把握好教材，落实好教学目标，必须准确联系课程标准，实践课程标准的要求，并在此基础上，进行教材分析方面的训练。

“说教材”指说课者在认真研读课程标准和教材的基础上，系统地阐述选定课题内容的能力。

(一)“说教材”的构成要素

掌握说教材的构成要素，对于准确、有效、灵活地应用说教材技能是有必要的。一般而言，各种课题的说教材活动，主要由以下几个技能要素构成。

1. 通过阅读教材，理出要讲述的知识点及其联系

阅读教材，将要讲述的内容分物理概念和物理规律理出来，这是教师要进行说课要练的第一个基本功。

就一节课的内容，里边的物理概念有重要的、起核心、基础作用的，称核心概念；属前几次课已学过，而本节要涉及的，称前述概念；为讲清基本概念而借助日常生活经验习得的一些帮助理解的，称辅助性概念；由核心概念的外延产生的概念称拓展性概念。例如，高一物理“运动快慢的描述——速度”这一节，核心概念是速度；前述概念有位移、时间等；辅助性概念有矢量的图示、运动状态等；拓展性概念有平均速度、瞬时速度、速率等。当然，并非每一节课的教学内容都有上述类型的概念。但基本的、起核心的概念总是有的，要把握好所教章节的教学内容，首先要把基本的核心概念找出来，才谈得上正确地判断该节课的重点和难点。

就一节课的内容，若阐述的是物理规律，那要分清是物理量的定义、公式？还是实验归纳总结的定律？或是通过数学演绎出来的定理？或是综合运用实验和数学总结出来的原理？比如，单位体积的物体的质量称该物体的密度，这是密度的定义，它是通过比值定义法得出的物理量。其公式为 $\rho=m/V$，而导体的电阻与导体的材料、导体的横截面积及长度所满足的规律是通过控制变量法的实验归纳总结出来的电阻定律。再比如，动量定理是通过牛顿第二定律进行数学演绎，得出的力的时间积累效应等于物体动量的变化量；而力学中的功能原理则既有实验也有数学推演过程总结出来的。明确一节课要涉及哪些规律，这些规律将哪些物理概念联系起来，才可能把握各知识点的内在联系。

2. 课题内容在教材知识体系中的地位

教材是依据课程标准编写的，是师生实现新课程目标最基本、最重要的课程资源。为了达到新课标所规定的“知识与技能、过程与方法、情感态度与价值观”的三维教学目标，教师必须对教材进行分析与研究。

对课题内容的分析应放在教材知识体系中去认识，进行全方位、多角度的分析研究，

以真正掌握它所包含的具体内容，认识它在整个教材结构中的地位，认识它与其他内容之间的联系。通过分析课题内容在教材知识体系中的地位，使教师认识到课题内容在知识、能力、情感等方面与其他内容之间的联系，搞清教材内容是如何循序渐进地加以组织的，搞清教材内容是如何体现课程目标的，从而有效遏止只顾当前课题内容教学的现象。这一点对提高教学质量十分重要。因此，说课时，教师要分析课题内容及其与相关知识的内在联系，说出自己对教材内容的理解。

课题内容在教材知识体系中地位的分析，一般可以从以下四方面着手：一是课题内容是一系列知识（问题）的源头、结尾？还是起承上启下作用的主干，或是拓展某知识？二是课题内容涉及的知识在整个教材中所占的比例，或在整个章节中所占的比例。三是课题内容与技术、社会的结合情况，其成果对社会生活、生产的影响等。四是课题内容在培养学生的探究能力、情感态度及价值观上的特殊作用。

例如，高一物理《动能和动能定理》这一节既是功的概念的深化，又是机械能守恒定律和功是能量转化的量度等知识的基础。在以后的电场、电磁感应、光电效应、原子核物理等单元的学习中，也要联系到做功和物体（主要是带电粒子）动能变化的关系（即动能定理）。

3. 课题内容的教学目标

物理课程的教学目标揭示了物理教学的总方向，它是指学生在学完物理课程以后应当达到的一定的学习效果。物理课程的教学目标是在教学目的基础上引申出来的，它主要指学生学完相应的课题内容后所引起的“知识与技能、过程与方法、情感态度与价值观”等方面的心理及行为方面的改变。

过去对于涉及教学目标的行为动词，如理解、领会等，都没有规定统一的含义，因而教师们在讨论有关教学内容的要求时就很难存在共同的语言。例如，对于理解动量定理的问题，有的教师认为学生只要能列出公式，并能讲清公式中各项的物理意义就算是理解；但有的教师却认为必须能运用动量定理来解释一个物理现象才算是理解；还有的教师会认为一定要能用动量定理解决实际问题才算是理解等。这样在同一个年级组里的三位物理教师，虽然都在要求学生理解动量定理，但结果却完全是两回事。

教育部 2003 年颁布的《普通高中物理课程标准（实验）》和 2001 年颁布的《义务教育物理课程标准（实验稿）》以及 2012 年颁布的修订后的《义务教育物理课程标准（2011 年版）》均对学生应达到的知识、技能和体验性目标进行了界定。《义务教育物理课程标准

（2011 年版）解读》对部分行为动词所表达的水平进行了如表 4-5 所示的解释。

表 4-4　《标准》中部分行为动词[①]

类型	水平	各水平的解读	课程标准中使用的行为动词
认知性目标行为动词	了解	复述；把已经学过的知识，通过回忆，按问题的要求陈述出来	了解、知道、描述、说出、列举、举例说明、说明
	认识	不仅需要通过回忆提取所学过的相关知识，还要对所学过的这些知识有所领悟，能在具体问题中辨认和识别它们	认识
	理解	转化；能够转用各种不同的方式来呈现知识的本质特征	解释、理解、计算
技能性目标行为动词	独立操作	对所提出的项目能独立地进行操作，即要“会”	会、会测量、会选用、会使用、会根据……估测、会用……测量
体验性目标行为动词	经历	学习者确实发生了所要求的体验性学习行为	尝试、观察、经历、探究、能
	认同	学习者的行为表明他对相关结论持认可和赞成的态度	关心、关注、有意识
	内化		养成

剖析课题内容的教学目标，不只是宏观地阐述知识与技能、过程与方法、情感态度与价值观三个目标，还要在课程标准的指导下，就学习内容的教学目标要求，从认知性学习目标、技能性学习目标和体验性学习目标等方面进行分层化解，阐述依托内容载体实现这些目标要求的途径与方法，目标化解越具体，操作性就越强，也就越能提高教学质量。关于这一点，针对知识与技能的教学目标，我们一般都能具体地化解目标；而针对过程与方法以及情感态度与价值观的教学目标，我们一般不太习惯于具体地化解目标，从而使其操作起来比较困难。

例如，我们在阐述九年级物理《密度》的过程与方法教学目标时，习惯于这样表达“使学生领略运用‘比值法’定义物理量的方法”；在阐述其情感态度与价值观教学目标时，习惯于这样表达“培养学生学习物理兴趣和发现问题以及探索问题的良好学习习惯”。

---

① 中华人民共和国教育部. 义务教育物理课程标准（2011 年版）. 北京：北京师范大学出版社. 2012：52；廖伯琴. 义务教育物理课程标准（2011 年版）解读. 北京：高等教育出版社. 2012.3：121-125.

* 义务教育物理课程标准（2011 年版）中课程三维目标部分有内化水平的体验性目标，在具体的内容标准中并没有出现相关标准条目.

事实上以上表达的共同问题均是教学目标表达不具体，缺乏操作性。如果将对过程与方法的教学目标表达为“在对实验数据的分析和归纳从而建立密度概念的教学过程中使学生领略运用‘比值法’定义物理量的方法”，将对情感态度与价值观的教学目标表达为“在引导学生进行‘同一种物质的质量与体积是什么关系?’的探究性实验活动中培养学生学习物理兴趣和发现问题以及探索问题的良好学习习惯”，其教学目标的可操作性则不言而喻。

需要指出的是，强调目标的具体化，绝不是孤立地对待每一个教学目标，而是要把目标的达成贯穿于具体的学习内容中，使它们相辅相成、相互促进。在任何教学活动中，三维目标始终都是一个有机统一的整体，既相对独立，又相互补充。教学活动的过程，其实就是学生习得知识与技能的过程，同时也是形成方法、发展能力和养成情感态度与价值观的过程。

4. 课题内容的重点和难点

抓住重点，突破难点是不同课堂教学结构取得最佳教学效果所采用的共同方法。这也是我国课堂教学历来沿用的从厚到薄，以纲带目处理教材的金点子。

虽然新课标不再包括教学重点和难点等具体内容，但课题内容在具体实施时却不可避免地存在着重点和难点。所谓重点，就是连贯全局、带动全面的重要之点。它对学生的认知结构起着核心作用，并在进一步学习中起基础作用和纽带作用。所谓难点，就是造成学习成绩有差距的分化点，它是由于学生的认知能力与知识要求之间存在较大的矛盾而造成的。

说教材活动中，既要说清什么是教学重点，又要说出确定它为重点的理由；还要说清什么是教学难点以及确定它为难点的理由。教学重点，一般根据课题内容在整个教材的知识体系或本单元的知识体系中所处的地位和作用来确定；教学难点一般从教学过程的矛盾、学生学习心理障碍等多方面进行考虑和综合分析。

例如，高中物理中的《力的分解》是其前面一节《力的合成》内容的深化，依据可逆性原理和等效代换思想强化矢量运算法则，为以后学习位移、速度、加速度等矢量运算奠定基础。因此，理解力的分解是力的合成的逆运算，并运用平行四边形定则灵活处理具体问题是本课题的教学重点。但由于“单射性”逆运算在学生头脑中已成定势，故学生易误认为“既然《力的合成》中两个共点力的合力通过平行四边形定则可以唯一确定；那么，作为遵循其逆运算的《力的分解》中一个力的两个分力也应该可以通过平行四边形定则唯一确定。”于是，“力的分解的唯一性条件”成为本课题的教学难点。

5. 课题内容的课时安排

根据教材的编写思路和结构特点，充分考虑学生的认知水平和年龄特征，对所选课题内容提出合理的课时安排并阐述这样安排的依据。若所选课题内容需要安排 2 课时或 2 课时以上，则还要就每课时的教学重点与难点安排做出陈述。

(二) “说教材”技能的作用

说教材时，说课者竭尽全力阐述自己对教材的理解和感悟，以充分展示自己对教材的宏观把握能力和驾驭分析能力。力求做到既要“说”得准确，又要“说”出特色；既要“说”出共性，也要“说”出个性。

说教材至少可以实现以下作用：一是依据学习内容确定教学的重点和难点，使教学活动能做到重点突出、难点分散，解决“做什么”的问题；二是依据课程标准对学习内容的要求，将三维目标（知识与技能、过程与方法、情感态度与价值观）化解到具体内容的教学过程中，有利于解决“怎样做”的问题；三是整体把握教材，根据学生已有的学习体验和认知特点，设计循序渐进的教学活动，为解决“为什么这样做”的问题提供教学参考。

二、“说学生”技能

“说学生”既可以与“说教材”“说教学法”和“说教学程序”一起分析，也可以单独阐述。无论采用哪种形式分析教学对象，目的都是弄清自己教的是“谁”，他们具有什么样的心理特点、知识经验和能力水平，为确定教学目标、确定教学难点、设计教学法和教学程序提供学情背景依据。

“说学生”技能指说课者依据初、高中学生物理学习的心理特点，全面客观地阐述学生的物理学习兴趣特征、思维发展水平、背景知识特征和物理学习中群体差异的能力。下面试从“说学生”技能的构成要素、功能、微格教学教案的编写以及评价几个方面，阐述“说学生”技能并进行相应的微格训练。

(一) “说学生”技能的构成要素

掌握说学生技能构成要素，对于准确、有效、灵活地应用说学生技能是很有必要的。一般而言，各种课题的说学生活动，主要由以下几个技能要素构成。

1. 物理学习兴趣的特征

在学生的认知过程中，学习兴趣作为主要的非智力因素制约着认知学习，它是学生顺利完成学习任务的心理前提，是学生学好物理知识的原动力。因此教师要想唤起学生求知的欲望，提高教学质量，就必须关注学生现有的学习兴趣特征，从而想方设法激发学生的学习兴趣。

初中生学习物理的兴趣主要是直接兴趣。因此，他们对演示实验，特别是对课堂教学中成功而有趣味的实验表现出较自觉的注意，能有意识地将注意力聚集在演示现象上。初中生还具有较强烈的操作欲望，尽管他们的操作动作还很不协调，五官协同配合能力尚待提高，但大多数初中生有跃跃欲试的操作欲望。初中生直接兴趣的一个重要特点是，只对操作对象本身感兴趣，却忽视了对事物本质的认识。

高中生比初中生学习兴趣更加集中，直接兴趣与间接兴趣同时起作用，其最大特点是兴趣与目标开始有了联系，相比而言间接兴趣起更大的作用，因而动机、兴趣趋于稳定。比如，在演示实验中，高中生的观察力已大有提高，注意力能持久而稳定地依靠意志的努力而聚集。由于观察的全面和趋向深刻，理智成分进一步提高，对演示的理解也较深刻，他们的抽象记忆和有意记忆能力正在提高，因而有利于从演示实验中总结规律、推导公式和运算例题。一般来说，相对于初中阶段，高中生对演示实验的热情已有所下降，而发展为一种比较稳定的理智活动动机和兴趣。

2. 物理思维发展的水平

物理教学中培养学生的思维能力，一方面是由物理学科本身所决定的。物理学科的知识点多，所包含的解决问题的思维方法灵活多样，整个知识结构严谨而富有较强逻辑性，这一切都决定了很难能通过反复的机械式的死记硬背来掌握它。

物理教学中培养学生的思维能力，另一方面是由学生的发展所决定的。思维是行为的一个决定因素。行为，只是内在过程的产物；思维作为一种内在过程，它的功能之一就是产生和控制外显的行为。而行为强化的结果势必形成习惯，习惯是塑造性格的重要原因之一，而性格则在很大程度上造就了自己的“命运”。

按皮亚杰的认知发展阶段理论，人的认知发展主要分四个阶段：感知运算阶段，前运算阶段，具体运算阶段和形式运算阶段。下面主要介绍皮亚杰认知发展阶段中的前运算阶段、具体运算阶段和形式运算阶段。

（1）前运算阶段。

这一阶段学生的认识特点是：① 相对的具体性。借助于表象进行思维活动，还不能进行运算思维活动。② 不可逆性。表现为关系是单向的、不可逆的，不能进行可逆运算，还没有守恒结构出现。③ 自我中心性。表现为强烈的自我中心状态，其谈话大多以自我为中心。④ 刻板性。表现为学生的注意力仅集中于给定的事物、事件或情况的特殊方面，其注意力还不能转移，还不善于分配。在概括事物性质时，还缺乏等级观念。

（2）具体运算阶段。

在具体运算阶段，学生思维虽然出现了守恒和可逆性，但一般还离不开具体事物的支持，运算还要依靠物体和能观察到的实际事物来进行，不能靠词语、假设来进行。只要问题是具体的而非抽象的，学生可以完成相对复杂的运算。其常见的类型有：① 分类——根据观察到的事物的性质来分类和概括。例如学生知道安培表、毫安表和微安表都是用来测量电路中电流大小的仪器。② 守恒——知道一个量如果没有任何增加或减少，即使物体外形变化了，该量也保持不变。例如，学生观察到同一支密度计放在水中与酒精中其露出的长度不同，但所受浮力不变，都等于密度计的重量。③ 顺序排列——按照一种可观察的性质排列一组物体，在比较复杂的情况下，能在两组可观察的性质间建立可能的一一对应关系。例如，知道单摆的摆长越长周期越大，摆长越短周期越小。④ 可逆性——能在心理上反转一系列步骤，从某一步骤的末态返回到初态。例如，使用天平时，既能够按照操作步骤对天平进行调节，对物体进行称量，又能够在头脑中想象出整理物体、天平的一系列步骤。

（3）形式运算阶段。

形式运算就是命题运算思维，其特点：一是形式与内容的相对区别，二是能进行假设——演绎推理。形式运算模式的常见类型：① 理论思维——能运用多重分类、守恒逻辑、顺序排列和其他运算模式、理论或理想模型与不能直接观察到的关系和性质。例如，高中学生通过实验能用图解外推法得到绝对零度的大小。② 组合思维——能考虑一切可以想象的具体的或抽象的项目的组合。例如，能够把几种电学仪器组合起来进行实验，测量电源的电动势和内电阻。③ 函数概念和比例思维——能够用数学形式叙述和解释函数关系。例如，通过比例法确定液体内部的压强与深度的关系。④ 分离和控制变量——认清实验设计除了一个被研究的变量之外，控制一切其他变量是必要的。例如，在单摆实验中，控制摆锤质量、重力加速度的大小而只研究摆长与周期的关系。⑤ 概率和相关思维——能理解概率的本质，能解释一些不可预言的、不可确定的观察事实，并能识别变量之间的关系。例如，高中物理对大气压的微观解释。此外，达到形式运算阶段的学生还能反省自己的思维。通过反省，个体能够寻找出结论中的矛盾性，比较解题的各种方法的优劣，检查特定理论、模型或近似方法的局限性。

在我国，初中学生的物理思维基本上还处在具体运算阶段和前运算阶段。这就导致他们的思维往往具有片面、肤浅和动摇的特征。比如，如果问初中生“在空气中飞行的炮弹（不计空气阻力）受到几个力的作用?”时，学生往往回答“受重力和向前的冲力的作用”。这里学生并非没有学过力的概念和分析物体受力的方法，而是“力是维持物体运动的原因”这一错误的前科学概念在起作用，导致他们的思维片面性。在思维的肤浅性上，初中生由于认知水平的限制，他们的思维往往离不开具体事物的支持。比如，初中生观察到同一支密度计放在水中和酒精中露出的长度不同，有些学生就认为密度计在酒精中受到的浮力大，原因是密度计在酒精中排开液体的体积较大。这明显地显现出这部分初中生的认知在这个问题上还没有守恒性（知道一个量如果没有任何增加或减少，即使物体外形变化了，该量也保持不变），这说明学生的认知水平还处于前运算阶段。初中生的思维具有动摇性，教师必须充分重视这种心理特点，要保护学生的积极性，不要挫伤他们处于萌芽状态的物理学习兴趣；要注意形象思维特点，特别要注重准确而鲜明的物理表象的建立以及物理表象的丰富和贮藏，要加强教学的直观性和形象性；要培养正确的学习习惯，训练他们对演示实验的观察陈述，物理语言的使用力争准确而规范，有意识地培养他们对实验的口头和书面描述能力；还要注意控制学生的情绪，保持课堂气氛活跃而不紊乱。

高中生的思维处于从具体运算向形式运算的过渡时期，这种过渡对于高中生是一种痛苦的体验。高中教师不再像小学、初中教师那样过多、过细、逐人地进行具体指导，而是要求学生学会独立学习和思考。这一切导致高中生有一种强烈的“失落感”。这个时期被心理学家称为“心理断乳期”。同时，高中生思维具有独立性和批判性，教师要有意识地加以利用和引导。与初中生相比，他们的抽象思维和概念思维能力开始加强，因而教学中不应该只强调直观和形象，而是要多挖掘教学的智力因素，特别是对教学中出现的现象和教师的解释，他们有时会出现自觉的讨论、相互的争论，有时甚至互不相让。另外，高中生会出现团伙性的兴趣小组，对物理问题展开讨论，这有利于思维能力的提高。

3. 物理背景知识的特征

当代建构主义认为，学习不是被动地接收信息刺激，而是主动地建构意义，是根据自己的经验背景，对外部信息进行主动地选择、加工和处理，从而获得自己的意义。已有的知识和经验对于新问题的解决总会产生各种影响，而新的学习过程及其结果又会对学习者的原有知识经验、技能和态度甚至学习策略等产生影响，这种新旧学习之间的相互影响就是学习的迁移。

按照迁移的性质，可将迁移分为正迁移和负迁移。正迁移是指一种学习对另一种学习起促进作用。知识与知识、技能与技能之间往往有许多共同或相似因素，在共同因素占优势，不同因素显而易见时，常常产生正迁移。如，学生学习了力的合成和分解之后，学习速度、位移、场强等的合成和分解就轻松了，因为它们的共同因素都是矢量，矢量都可以合成和分解，且合成和分解都遵守平行四边形法则，而速度、位移、场强的区别是显而易见的；负迁移是指一种学习对另一种学习起干扰或抑制作用，它往往发生在彼此相似的知识和技能之间。当新旧知识相关联的部分在内容和组织上虽相似却本质不同时，原有知识往往倾向于先入为主，新知识常常被理解为原有知识，或者学习者意识到新旧知识间有些不同，但不能具体指明本质区别之所在。这两种情况都会导致新知识向类似的旧知识还原，出现负迁移。例如振动图像对波形图像就会产生干扰，许多学生把振动图像和波动图像混为一谈，就是因为两种图像形式上相似，即都是正弦或余弦曲线，都是离开平衡位置的位移。

在现代传媒非常发达的今天，初、高中学生都已经具备了一定的物理知识和技能，这是学生学习物理新知识和新技能的基础。确认学生现有的物理知识和技能，有利于实现学生“旧知”向“新知”的迁移，解决教师“怎样做”的问题。

4. 物理学习中群体差异的现状

“为了每一个学生的发展”是新课程的最高宗旨和核心理念。这要求教师要通过科学的教育教学方式，使每一个学生都能在原有的基础上得到长足的发展。事实上，在当前班级授课制模式中教学要关注到每个学生的个体差异是不现实的。但是，在当前教学模式中教学要关注到每个学生群体差异却是可以努力做到的，也是应该做到的。物体学习中的群体差异是指在物理学习中所存在的一系列物理学习现象，如物理学习中优秀生的心理特征与培养、物理学习中学困生的心理特征及其转化和引导，以及物理学习中的性别差异等。

研究表明，优秀生的自学能力明显高于一般学生，课外阅读是培养自学能力的重要环节。优秀生原有知识相对较为扎实，遇到新问题能自己查找资料，独立解决。这种独立意识和行为是自学能力的重要标志。遇到问题不轻易问别人（包括教师在内），这几乎是所有优秀生的共同特点。在阅读时间安排方面，优秀生中有相当一部分人都利用节假日，有固定的时间，初步形成了自学习惯。给优秀生介绍一些合适的参考书，并给以读书的指导，使他们学会查找资料、使用工具书，逐渐独立地理解阅读内容，并且养成自学的习惯，这对优秀生的早期培养是至关重要的环节。

在物理教学中，物理学困生的存在是一种客观现象。一般来讲，物理学困生心理主要有以下特征：① 畏难心理，即学习物理全凭一时冲动，缺乏刻苦钻研精神，遇到难题或因一次考试失利，就萌发放弃学习的念头；② 矛盾心理，即想学好，又不知如何去学，有学习物理的决心，但又缺乏恒心和毅力；③ 自卑心理，即因底子薄，还常常受到教师的批评或训斥，便觉得自己的脑子笨，学不好物理，以至于自暴自弃；④ 逆反心理，即由于物理成绩不好而对物理学习产生对立情绪，乃至放弃物理学习。

中学男、女生在物理学习中由于性别的差异造成学习成绩的差距，这一事实已引起教师、家长、学生以及教育界、心理学界的关注。一般来讲，性别差异导致心理差异的特征主要有：① 在感知觉方面，女性的感受性较高，触觉、嗅觉较敏感，听觉能力较强。男性则视觉能力较强，在接受外来信息时，男性发达的视觉通道大大弥补了其他通道的不足。由于具有较强的视觉空间能力，男生分析物体运动等空间想象能力优于女生。② 在记忆力方面，女生一般偏重于机械记忆和形象记忆，记忆面广，量较大，短时记忆较优，但因此也影响了长期记忆的效果。她们在复习物理概念和规律时，习惯于用课本的语句逐字逐句背诵，而一般不甚理解其物理意义。男生则倾向于理解记忆和抽象记忆，在广度上虽不如女生，但比较深入，记住的信息能保持比较长的时间。③ 在注意力方面，女生的注意力多定向于人，对人际关系很敏感，并在这种关系发生变化时很快地顺应，所以她们听课时容易受到教师情感的影响，主动与老师配合。男生的注意力多定向于物，并且喜欢探究物体内部构造的奥秘，但注意力的稳定性稍差，上课时易分心。④ 在思维品质上，两性的差异最明显，女生由于有较强的形象记忆和机械记忆，而偏向于形象思维类型，主要依靠表象间的类比和联想，富于想象力，但思维的灵活性不够，理解力较差。男生偏向于抽象思维类型，主要依靠概念进行判断和推理，有较强演绎、归纳能力，思维的灵活性较好，理解力较强。在思维方式上，女生倾向于模仿，处理问题时注意部分和细节，但对全局与各部分之间的关系把握较差。男生独立思考较多，分析综合能力较优，处理问题时较为重视全局与各部分之间的联系，但对细节注意不够。⑤ 在操作技能方面，由于男生倾向于“物体定向”，从小爱摆弄物体，男孩的玩具多是车辆、武器、各种工具等，并喜欢对之进行拆卸、安装，甚至于改装。

学生作为教学的主体，其本身存在着多方面的相关特征，以上所述学习兴趣、思维发展水平、物理背景知识、物理学习中群体差异现状是四个主要的方面，根据具体授课班级情况、具体教学内容的不同，可能“说学生”的构成要素略有不同，在具体操作的过程中，可以根据具体情况有一定的侧重点，同时注意“说学生”构成要素的针对性和深度。

（二）“说学生”技能的作用

学生现状的全面分析来源于对学生情况的全面了解。我们认为，了解学生现状可以采用下列方法：① 观察法，即通过复习提问、课外辅导等，观察学生行为表现，从而了解学生现状；② 作品分析法，即通过检查作业，分析试卷、研究成绩等，可以了解学生现状；③ 调查法，即通过与任课教师交流学生情况，找学生谈话和问卷调查等方法，可以获取学生现状信息。

学生是学习活动中能动的主体，教学活动应当体现以学生为本。学生的发展是课堂教学的根本目标和归宿。这是因为，只有以学生的年龄特点、认知水平和经济文化生活背景为出发点，以学生的眼光去审视学习内容，才能关注个体差异，了解学生学习起点，设计出能促进每位学生发展的教案。因此，教师说课就必须分析学生，即对学生的学习现状做出具体、全面和准确的分析。这是教学活动得以开展的基础。

三、“说教学法”技能

“说教学法”技能指说课者阐释准备选用哪些教学方法以及为什么要选用这些教学方法的能力。

下面从“说教学法”技能的构成要素、功能、微格教学教案的编写以及评价几个方面阐述“说教学法”技能并进行相应的训练。

（一）“说教学法”技能的构成要素

一般而言，各种课题的说教学法活动，主要由以下几个技能要素构成。掌握这些要素，对于准确、有效、灵活地应用说教学法技能是很有必要的。

1. 认识领域里的教学要求

物理教学活动中，三维目标始终都是一个有机统一的整体，既相对独立，又相互补充；三维目标的实现以组织学生学习认识领域里知识与技能为主线。

在认识领域里，科学确定课题内容的教学方法，首先要明确该节课包含有几项教学要求。因为一般说来，并不是针对一节课选用一种教学方法，而是针对一项教学要求选用一种教学方法。

例如，讲八年级“平面镜成像”这一节课，按课程标准的规定，应有两项教学要求：一是“通过实验，探究平面镜成像时像与物的关系”；二是“知道平面镜成像的特点及应用”。所以不宜笼统地说这一节课应选择什么教学方法，而应具体地说对这两项教学要求各应选择什么教学方法。

2. 认识领域里知识来源及形成知识的主要逻辑推理方法

在明确了课题内容的教学要求后，接着就可参照所用的教材，分析每一项教学要求的知识来源与知识形成的逻辑推理方法，分别选择出较适宜的教学方法来。仍以“平面镜成像”为例，其教学方法的选择过程，可以如表 4-5 表示。

表 4-5　平面镜成像

认识领域里的教学要求	1. 通过实验，探究平面镜成像时像与物的关系； 2. 知道平面镜成像的特点及应用
认识领域里的知识来源	实验：利用蜡烛模具和玻璃板实验探究平面镜成像时，像的位置、大小跟物体的位置、大小有什么关系
认识领域里知识形成的逻辑推理方法	归纳：在观察的基础上，让学生找出平面镜成像时，像的位置、大小跟物体的位置、大小有什么关系。在此基础上了解平面镜的应用
较适宜的教学方法	实验—观察—归纳自学指导法

选择对某一节课较适宜的教学方法对有经验的教师来说，往往是凭直觉；但对缺少教学经验的教师来说，在认识领域里不会选择与知识内容的结构特点相一致的教学方法，仍然是一个普遍现象，所以在说课时需要有这样一个对教材教法的分析过程。但这并不是说教材编排的知识结构（知识来源以及形成概念、规律的逻辑推理方法）不可改变，而是说教师首先要掌握教材的知识结构，如确需改变，应能说出改变的缘由。

对已经选择出来的教学方法，在课堂上要运用得当，还需考虑两个基本因素：一是学生的认识活动水平；二是教师所能创设的教学条件。

3. 学生的认识活动水平

学生的认识活动水平，可划分为三种程度，即模仿、半独立和基本独立。据此，教师在课堂上运用教学方法时，也可相应地划分为三个逐步提高的培养阶段，即示范讲解（教师按各种认识方法的运用步骤作示范性的讲解）、局部参与（留一部分认识方法的运用步骤让学生自己独立活动）和独立探索（让学生自己独立地完成认识任务），从独立解决新课题的角度讲，这第三个阶段也就是学生在进行创造性的活动了，但在实施中却是逐步要求的。下面以实验探索-归纳法为例，其具体的运用步骤一般如下：

（1）提出难度适当的问题；

（2）鼓励学生对问题的可能解答提出猜想；

（3）引导学生设计实验方案来检验猜想；

（4）引导学生对实验所取得的事实和数据进行分析，得出科学结论，并用文字或数学语言正确地表达出来。

例如，在人民教育出版社 2006 年版《八年级物理（上册）》中，可挑选出“光的反射”（反射光线、入射光线、与镜面及法线的关系）进行探索性实验，可挑选出“平面镜成像”“凸透镜成像的规律”和“串、并联电路的电流规律”等内容，采用实验探索-归纳法进行教学，以培养学生的实验探索能力。但并不是在讲“光的反射”时就要求学生能按上述四个步骤独立地进行认识活动，而是教师先要按上述四个步骤进行示范性讲解，并明确告诉学生，以后再遇到运用这种认识方法的新课题时，就要求他们自己按这四个步骤进行认识活动了。下一次讲到“平面镜成像”时，就可以要求学生自己提出物和像的大小关系及到镜面的具体的关系的猜想，学生会提出各种不同的观点，他们中有人会提出与课本结论相似的看法，这就锻炼了他们提出假设的能力。再往后讲到“凸透镜成像的规律”时，就可以让学生自己设计实验方案并分析实验数据得出结论。这样经过先示范后逐步要求的培养训练后，到了学习“串、并联电路的电流规律”这一节课时，就有希望让学生从局部参与走向独立探索了。毋庸置疑，不能指望一个没有经过训练的班级，也采用这种教学方法上课，其他几种认识方法的运用，也都应该有个由教师先做示范讲解然后逐步要求学生独立运用的过程。

4. 教师所能创设的教学条件

在课堂上，教学方法的运用还需要有一定的物质技术作基础（物理环境），并要有适当的教学组织形式（小社会环境）与之相配合，这两项可统称为教师所能创设的教学条件。教学条件的创设，也可以划分为逐步提高的三种情况，如表 4-6 所示。

表 4-6　教学条件

教学条件	物理环境	学习环境
以班集体为活动单位的教学	有一套演示用的仪器及必要的教学手段	只有教师与班集体之间的交往没有学生之间的交往
以小组（4～6 人）活动为基础的教学	有供分组实验用的仪器及必要的教学手段	既有教师与班集体之间的交往也有小组内和小组之间学生的交往
以同桌（2～3 人）活动为基础的教学	有供分桌实验用的仪器及必要的教学手段	既有教师与班集体之间的交往，还有同桌内及四周学生间的交往

以同桌活动为基础的教学比起以小组活动为基础的教学，其优点在于能为人人都有机会在学习中动手与动口创设了更优越的条件，同时又可以不打乱原班级的学生座位。

由表 4-6 可知，物理环境的创设是基础，相应的对学习环境的创设会提出一定的要求。但这两个环境的创设并非绝对对应，只有一套演示用的仪器时比较适宜组织全班性的观察活动，可并不排除同时组织小组或同桌的学生之间的交往活动。比如在运用观察-归纳法时，往往是在组织全班学生的共同观察后，就分组（小组或同桌）对所观察到的现象进行学生之间的议论，以此为基础，进而在教师指导下组织小组间或各桌间的多向交往与讨论。

综上所述，在课堂教学里，对某一节课的具体教学方法主要由三个因素决定：

① 知识内容的结构（可具体化为一些较为成熟的认识活动方法，如：观察归纳法、实验探索归纳法、问题讨论归纳法、问题讨论演绎法、问题讨论类比法、自学指导法）；

② 学生的认识活动水平（可具体化为三种程度：模仿、半独立、基本独立）；

③ 教师可创设的教学条件（可具体化为同桌、小组、全班等）。

当然，物理环境的创设会受到社会发展水平及学校设备现状的限制，但这里指的是教师的主观努力，如可以就地取材，以土代洋创设更多更好的自制教具等。

(二)“说教学法”技能的作用

教学方法与教学思想、教学原则和教学目的密不可分，它是教学思想、教学原则和教学目的贯彻执行的具体策略。教学方法的选择除受教学思想、教学原则和教学目的等因素制约外，也因教学内容、教学对象、教学条件的不同而不同。

由于教学手段是各种教学信息的载体，因而教学方法总是通过运用一定的教学手段实现的。例如，用“观察-归纳法”教学就是教师利用挂图、模型、实物等直观教学手段进行观察并利用语言指导学生归纳分析，使学生掌握知识和发展能力。因而教学方法和教学手段也是相互联系、相互依存的。

教学方法的优化组合是优化教学过程的重要保证。教学过程最优化包括教学过程所有基本成分的最优化。只有实现了教学任务、教学内容、教学方法、教学手段、教学条件等基本成分的局部最优化，才有可能实现教学过程整体的最优化。因此，教学方法的科学选取以及优化组合是教学过程最优化的核心部分之一。

四、课后反思型说课技能

(一) 课后反思型说课技能的构成要素

课后反思型说课技能的构成要素主要有以下三方面。

1. 说落实效果

这是说课者的自我总结，主要说“教什么”“怎么教”和“为什么这样教”的内容在实际操作后的效果，总结出前期教学设想与实际操作之间所存在的差距。具体说出哪些设想符合客观实际需要，有可操作性，教学效果好；哪些设想与客观实际不相符合，教学效果不好，其原因是什么。

2. 说成败得失

再完美的教学设计在实际操作中总会有不如意的地方，及时地通过获得的反馈信息，总结经验和教训，说出教学中的成败得失，并站在理论的高度上深刻剖析出主观和客观两方面的原因所在。

3. 说改进措施

发现问题不是目的，关键是要能有效地解决所发现的问题，使以后不再出现同样的问题。因此，说课者应该针对前面的总结反思，说出获得的新的启迪，得出自我完善的新设想，合理地提出实事求是的修改意见。这样才有利于推动教师素质的进一步完善和提高。

(二) 课后反思型说课技能的作用

教学过程是教师的教和学生的学共同交互作用的一个动态的复杂过程。通过从学生那里获得的及时有效的反馈信息，教师可以反思自身的教学过程与先前的说课设计，从而掌握学生的现有认知与目标认知水平之间的差异，以便对下一步的说课设计、教学过程加以调控、部署，更好地发挥教师的主导作用。因此，我们应该认真做好课后反思，切不可忽略课后反思型说课的作用。

一是可以探究和解决教学问题。反思不是简单的回忆教学的过程，而是对教学的各个环节在课堂上对学生所产生的实际效果的再认识，再思考，找出存在的问题，探究寻求解决问题的方法。

二是可以帮助教师全面健康地发展。通过反思，教师一方面可以形成别人不可替代的个性化特征。因为反思就是一个照镜子的过程，即教师把自己的实践活动作为认识对象，反复揣摩，不断剖析，不断修改，敢于和善于突破自我、超越自我，逐渐形成自己独有的个性化的教学。另一方面可以唤起教师对教学的责任心。因为当反思变成一名教师自觉自愿的一种行为以后，其对教育教学的责任心、使命感也会与日俱增，他会以教育理论作指导改进教学，使教学实践更趋合理。

三是可以促使教师再学习，促进专业成长。反思对于教师的成长、成熟是非常重要的，能激发教师终身学习的欲望：通过学习，查漏补缺；通过学习，发现问题并及时纠正；通过学习，探索教材内容的崭新表达方式；通过学习，构建和谐的师生关系。反思，让我们发现困惑；学习，促进我们专业成长。

第五章　微格教学在物理课程中的实践分析

微格教学包含：理论学习、确定技能、提供示范、编写微格教案等等环节。这些环节在很多方面都促进了教师专业发展所需能力的培养。如教学分析和设计能力、课堂教学组织实施能力、教学反思及教育科研能力，教师专业发展是一个长期的过程，但我们可以明显地看到，通过微格教学实践，能够更快更好地促进教师能力的提高，促使教师尽快从“生手”型转变成“熟手”型教师，并向专家型教师发展。基于此，本章从物理课堂教学导入的设计与分析、物理课堂教学导入微格教学、物理课堂教学讲解的设计与分析、物理课堂教学讲解微格教学、物理课堂教学结束的设计与分析以及物理课堂教学结束微格教学六个方面进行了具体的阐述。

第一节　物理课堂教学导入的设计与分析

好的开始是成功的一半，好的课堂导入也是物理课堂教学成功的开始。精心设计的导入能抓住学生的心弦，设疑激趣，促成学生情绪高涨，步入求知欲的振奋状态，有助于学生获得良好的学习效果。学习并掌握如何更好地导入是教师从教的一项必修技能。

一、物理课堂教学导入技能的构成

导入的类型多种多样，但无论哪种类型，基本上都表现了导入技能构成要素的一种或多种。导入技能的构成要素主要有以下三个方面。

1. 引起注意

要开始上课了，可是学生还沉浸在谈话、讨论、嬉戏等活动中，教师如何让学生的注意力迅速转移到学习任务上来呢？这就需要教师具有引起学生注意的技能。导入的首要任务是使学生与教学无关的活动得到抑制，迅速投入新的学习中，并得到保持。

注意有两层含义：一是指知觉的集中；二是指一般的警觉功能。教学导入主要借助教师的语言、提问、演示等技能引起学生注意。

2. 激发学习兴趣

兴趣是学习动机中的重要成分，是求知欲的起点。导入的目的是用各种方法把学生的这种内部积极性调动起来，进入即将展开的学习情境中，为各种思维训练奠定基础。但教师要注意，这里的“兴趣”要与教学内容密切相关，无关的兴趣可能打乱教学进程，分散学生注意力。

学习兴趣的激发往往需要借助恰当的演示和巧妙的提问。

3. 形成学习动机

在导入的过程中，只有使学生明确学习目的，才能把他的内部动机充分调动起来，发挥学习的积极性和主动性。导入是教师在新的教学内容或教学活动开始时使学生产生学习动机的一种教学行为方式。它的主要目的是引发学生的注意力，激发学生的学习兴趣，明确为什么要学，学什么，并建立新旧课之间的联系。好的导入可以点燃学生思维的火花，使学生思维具有广阔性和灵活性。教学导入中，各种技能的应用都要以形成学习动机为目标，避免为了导入而导入。

二、物理课堂教学导入的设计与案例分析

导入的类型很多，在具体的课堂上该应用哪些类型呢？这就涉及导入教学的设计。

前面讨论的导入的作用、要素、特点等是导入教学设计理论基础的一部分。教师应按照教学的具体情况，选择最优化的导入方式。在物理教学中，教师可以从物理概念和规律特点、学生学习物理的认知和心理特点等方面设计导入。在导入设计时，要特别注意语言、提问、变化、强化、演示等技能的设计，熟练使用各项教学基本技能，提高教学导入的效果。

1. 基于物理概念和规律特点的导入设计

从物理概念和规律本身的特点来说，中学物理概念类型大概有本质特征概括的概念、比例概念和理想化模型三类，物理规律有归纳型和推导型两种。概念和规律的性质不同，导入也不同。

（1）提供感性认识的现实情境而导入的设计。

由本质特征概括而形成的概念和一些归纳型的规律可以采用此方法设计导入。例如，压强、质点、重力、机械运动、炳等概念可以通过以适当的方式呈现自然界、现实生活和生产中的典型事例，比较典型事例的共同特征而导入。

案例 1　速度与加速度

教学过程	技能说明
生命在于运动！在大自然中很多物体都在不停地运动，而且运动有快有慢，如蜗牛的缓慢爬行（语速慢），运动员们在赛场上快速地奔跑（语速急），飞机快速飞行（语速快）等（展示幻灯片）	【语言技能】教师使用抑扬顿挫、高低曲折的语言描述自然界的运动，使学生在获得知识的同时，得到美的享受，并对学生产生潜移默化的影响，提高了学生的语言表达能力和语言美感
大家注意，老师用了“缓慢”“快速”这样的字眼来描述了它们各自运动的快与慢。我们是如何判断物体运动快和慢的呢？	【变化技能】注意是课堂教学中学生学习的一个重要因素。课堂教学中，物理教师运用变化技能，把学生的注意力始终集中到教学上来，使学生的注意保持良好的品质，沉浸于教学的意境之中
接下来我们大家一起来讨论两种简单情况的运动。男孩和女孩从 A 地同时出发，到达 B 地时男孩所用时间比女孩所用时间短。 （教师播放动画。） 因此，同学们说他们谁快谁慢呢？判断的依据又是什么呢？ （因为走过路程相同，男孩运动时间更短。） 在路程相同时，我们通过比较其时间可以知道运动的快慢。相同路程，所用时间较短的男孩运动得快，女孩所用时间长，所以运动得较慢。 （板书：相同路程比较时间。）	【演示技能】学生认识有关事物，学习某些抽象的概念、规律时，必须从接触这个事物，获得感性认识开始。对于直接经验不多的学生，要建立一个概念，掌握一个规律，必须有个观察现象、重温经验以致产生印象从而形成观念的过程，才能达到理解、巩固的目的，并实现迁移 【提问技能】教师在学生已有知识的基础上提问，使新旧知识联系起来，形成良好的知识结构，为系统地掌握知识奠定基础

续表

教学过程	技能说明
那么接下来我们来观察第二种情况。男孩和女孩同时从 A 地出发，经过了相同的一段时间，女孩只走了一半的路程，而男孩走完了全程（教师播放动画）。此时同学们觉得谁运动得快呢？ （男孩运动得快，因为用了相同时间，男孩走的距离更长。） 同学们说得对，经过相同时间，男孩走的距离更长，所以他运动得更快。在时间相同时，我们通过比较其走过的路程可以知道运动的快慢。 （板书：相同时间比较路程。） 通过上述的两种运动情况，我们归纳总结一下这两种简单情况的运动快慢的描述方法：路程相同比较其时间，所用时间短说明运动得快，反之运动得慢；运动时间相同比较其路程，所走路程长说明运动得快，反之运动得慢	【强化技能】教师通过组织教学过程中的情境呈现，使学生对其做出反应。如果教师没有给予反馈，则学生的认识尝试活动会失去方向和动力，这样教学环节便失去控制，学生的思维活动变得混乱。强化技能的运用保持了师生之间、学生之间、学生和教学材料之间的相互作用，使大多数学生的思维和行为步调相对一致地沿教学计划有序发展 【强化技能】教师对学生的正确行为给予鼓励、赞赏等恰当的强化方式，学生体会到自己的认真学习得到教师、同学的肯定，心理产生满足感，认识到行为的正确性并积极表现，其他学生通过间接强化也能有所体悟
我们刚才考虑的只是两种最简单的运动情况，那如果路程和时间不相同，我们该如何描述物体运动的快慢呢？	【变化技能】在教学过程中，利用教学组织形式、教学活动形式等各种形式的变化，避免单调、枯燥、乏味的教与学，可以引起学生的学习兴趣，调动学生的学习积极性和求知欲望，使学生全神贯注地学习和思考

为学生提供感性认识的方法很多，回顾学生已有生活经验和已学知识、现场实验、播放视频等都能很好地为学生提供有效的感性认识。要注意选择适当的方式引导学生回顾，同时设计巧妙的引导，帮助学生突出问题的关键因素，弱化（忽略）次要因素，将研究的问题集中，使效果最优化。

（2）复习旧知识发展新知识而导入的设计。

教师可以通过直接提问的形式让学生复习已学知识，引出新的知识，这是最简单的复习导入方式。有经验的教师往往很注重新旧知识之间的内在联系，如知识内容之间的内在联系，新旧知识建立方法的一致性，知识对学生情感、态度、价值观培养方面的相互联系等。复习导入是中学物理课堂教学最常用的导入方式，温故而知新可以有效地提高教学效率。

案例 2 功

教学过程	技能说明
我们在初中的时候就学过了功的计算，请同学们回忆一下，初中时如何计算一个物体所做的功？ （$W=Fs$，当力与运动方向垂直的时候不做功。）	【提问技能】简单的复习提问，把需要学习的新知识与学生已有知识和发展水平之间的潜在矛盾表面化、激烈化，激励学生运用已有知识和生活经验，积极思考、探索，去解决矛盾，获得新知识
非常好，所有同学都脱口而出，（板画）当物体在力的方向上运动了一段位移 s 时，这个过程所做功 $W=Fs$，而当力与运动方向垂直的时候不做功。在这里，同学们有没有听出老师特别强调了什么？ （物体在力的方向上运动。） 耳尖的同学都听出来了，物体在力的方向上运动，还有这个过程，那我们先说过程，为什么强调过程？这是因为功是一个过程量，也就是说，功是力作用在物体上通过一段位移或一段时间才产生的，求功时，一定要明确是哪一个力在哪一段位移上做的功，也就是明确哪个过程所做的功。 第二个我们强调，当物体在力的方向上运动了一段位移 s 时，这个过程所做功的计算方法是 $W=Fs$。那么老师提出问题，当力与位移不在同一直线上，而是成一个角度时呢？如图所示，一个人用斜向上的恒定的力拉物块发生了一段位移 s，力 F 是否做功以及做多少功呢？这正是本节课要学习的内容。 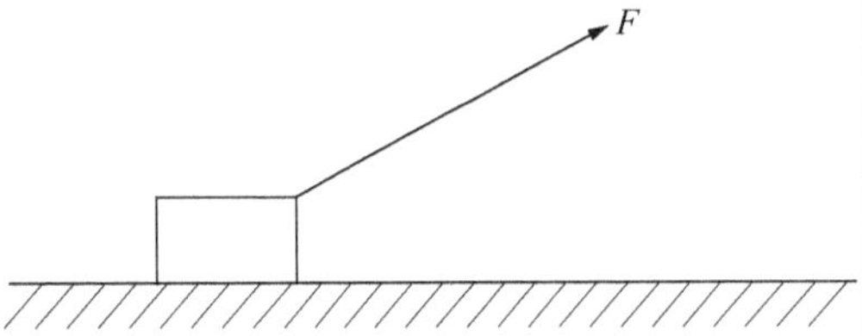 	【板书技能】由于课堂讲解瞬息即逝，学生仅凭听讲而要理解一堂课教学内容的全貌（尤其是物理知识之间的内部结构和各部分之间的逻辑联系），以及一些严谨的物理概念和规律是比较困难的。学生根据教师板书的分析，很好地跟随教师的思路，理解物理的过程，领会物理规律和概念的内涵。 【强化技能】教师通过组织教学过程中的情境呈现，使学生对其做出反应，如果教师没有给予反馈，则学生的认识尝试活动会失去方向和动力。强化技能的运用保持了师生之间、学生之间、学生和教学材料之间的相互作用，使大多数学生的思维和行为步调相对一致地沿教学计划有序发展。 【语言技能】教师用准确的语言描述物理概念，帮助学生理解物理概念的本质特征，理解功的含义，明确功的内涵和外延

学生在初中就已经掌握“功”的计算，同时初中的定义也为高中进一步学习力和位移不在同一方向上的功埋下了伏笔。教师可以借助学生已有的认知，设置问题情境，引导学生深入分析问题，达成教学目标。

2. 基于学生学习心理特征的导入设计

根据学生学习心理特征的导入可以从设置感兴趣的问题和与原认知冲突的问题入手。

如果新概念与学生进入学习之前具有的经验、形成的概念和科学概念一致，则可以结合概念本身的性质，设置学生感兴趣的情境、提供感性认识等。例如，力、速度、压强、重力、摩擦力等概念，学生在生活中已经有了一定的感性认识，教师选择现实生活、生产中的典型事例，借助图片、视频等多媒体手段，也可以现场演示的方式，帮助学生回忆相关的旧有经验，在此基础上开展教学。

如果是学生具有错误前概念的物理概念和规律教学，可以设置形成认知冲突的问题情境的导入。这种方式经常也就是先设置问题情境充分暴露学生的前概念，让学生清楚自己是怎么想的，教师一般要引导学生对学生的观点进行讨论、分析、验证。

（1）设置学生感兴趣的情境，提供感性认识导入

这种导入的主要目的是使教学更直观，使学生在学习抽象的概念和规律之前获得足够多的感性经验。

案例 3　圆周运动实例分析

教学过程	技能说明
美国有一部电影，叫《速度与激情》，同学们看过吗？里面的赛车手开车速度都特别快，甚至可以超过飞机，这样都还能特别安稳地行驶。但是，这只是电影，在现实中，开车速度过快会怎样啊？ （会翻车。）	【演示技能】教师播放视频片段，为学生提供丰富的直观感性材料，有利于突破难点和重点，促进学生理解和巩固知识，加快教学过程，提高课堂教学效率
没错，开车速度太快了是很容易发生事故的。老师这里有一个关于赛车事故的视频。请同学们认真观察一下，事故通常是在什么情况下发生的。 （转弯处及上下坡处。）	【强化技能】教师通过组织教学过程中的情境呈现，使学生对其做出反应，使大多数学生的思维和行为步调相对一致地沿教学计划有序发展
有同学说是在转弯和上下坡的时候，有些同学可能还没看清楚。没关系，老师截屏了几张图，大家和老师一起来看一下。第一张图是在转弯处翻车了，继续看第二张图，是在上坡的时候发生了事故，第三张图也是在上坡的时候翻车了，第四张图是在赛车转弯时发生了事故。我们发现赛车事故通常都是发生在转弯处和上下坡处，但是为什么会发生这种现象呢？ 我们在黑板上把发生事故的地方简单模拟一下，大家看黑板（教师画出转弯及上下坡时的轨迹）。大家仔细观察轨迹，发现什么特点呢？ （轨迹是弧形的。）	【板书技能】在演示分析的基础上，教师还需要在黑板上作图，帮助学生进行更直观的分析。物理知识之间的内部结构和各部分之间的逻辑联系在课堂讲解中瞬息即逝，学生根据教师板书的分析，很好地跟随教师的思路，理解物理的过程，领会物理规律和概念的内涵

续表

教学过程	技能说明
没错，弧形也就可以看成一个圆的一部分，弯道与坡就可以看作圆周运动轨迹的一部分，所以赛车在转弯或上下坡时的运动可以近似看成赛车在做圆周运动。不同的是，转弯时赛车是在水平面做圆周运动，上下坡时赛车是在竖直面内做圆周运动。我们先来分析赛车转弯时的运动，即水平面上的圆周运动	这里不建议使用多媒体动画作图，板书作图可以减缓教学进度，更好地引导学生思考
回到刚才的事故视频，轨道要求赛车在此处做圆周运动，赛车因为无法维持圆周运动而脱离轨道发生事故。那上一节课我们已经学习过了，物体维持圆周运动需要哪些条件？ （供需平衡的时候。提供的向心力刚好等于所需的向心力。） 没错，只有外界提供给物体的合力正好等于物体做圆周运动需要的向心力的时候，物体才会做圆周运动。接下来，我们一起分析一下在水平转弯时向心力的来源	**【变化技能】**长时间集中注意力于同样的一个或一类对象中，学生会疲惫不堪，反而影响学习效率。利用变化技能，充分利用多种传输通道传递信息，尽可能地调动学生的不同感官，有效地、全面地向学生传递教学信息，并以此与学生充分地进行多渠道的交流，使教师、学生、教学材料之间的交流在不同教学元素的变化中顺畅、高效地进行，学生会情绪高涨，心情愉悦

教师通过赛车视频，让学生直观体验了事故发生的位置，通过对事故发生地赛道的分析，逐步明确了这是圆周运动的问题，将问题的原因归结为所提供向心力和所需向心力的关系上。这样的导入借助了电影的声、光效果，能够有效抓住学生的注意力，教师通过巧妙的设问“事故发生的位置、事故发生的轨道特点”将学生引导到圆周运动问题上，通过“维持圆周运动的条件”的讨论，直达本节课教学的关键——研究提供向心力与所需向心力的“供需平衡”问题上。

提问技能的应用是课堂导入的关键之一，案例 3 中通过层层引导的提问，巧妙地将学生的注意力引导到圆周运动和车祸原因的分析上，而不是关注车祸的后果等其他现象。

青少年正处在活泼好动的年纪，他们长期被压抑在严肃的学习氛围中，偶尔听到一些“趣事、轶事”会迸发出极高的学习热情和兴趣。因此，物理教师平时应收集一些物理学史故事、科学家的趣闻逸事、科学小游戏等，在日常教学中往往会起到意想不到的作用。

在学习“密度”的概念时，教师介绍阿基米德鉴定皇冠的故事能够有效激发学生的学习动机和探索兴趣，教师在此基础上开展教学能够起到良好的效果。

要注意的是，学生被教师的故事、游戏吸引以后，教师应想办法让学生的兴趣得到保持，沿着学生的探索路径开展教学。

（2）设置形成认知冲突的问题情境而导入。

实践和研究都表明，学生是带着对事物的一定认识进入课堂的，这种认识有时是与科学概念相背离的，有时是符合科学概念的。教师应深入了解学生学习前的已有认知，设置认知冲突，帮助学生澄清概念，在同化和顺应过程中，实现科学概念教学。

案例 4　压力的作用效果

教学过程	技能说明
同学们，上课了。今天我们要学习的是压力的作用效果。我们先来做一个有趣的小实验。老师先让牙签轻轻地碰气球，同学们觉得气球会怎样？ （会破。）  会不会破呢？我们来试一下。（教师做实验）果然破了。那如果气球和很多图钉同时接触呢？是不是更容易破呢？我们来试一下。 （教师将气球放在图钉板上。） 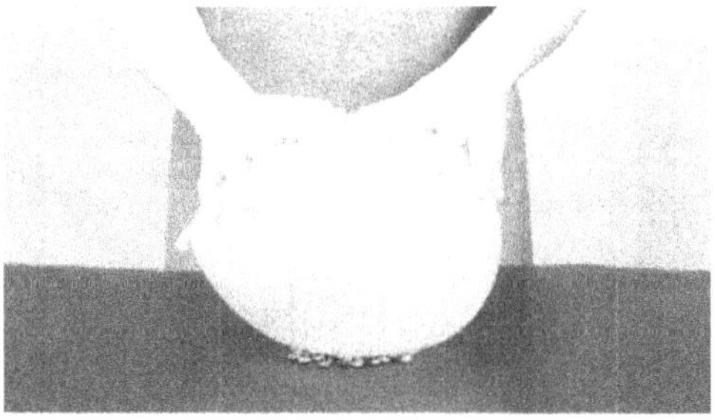	【演示技能】教师演示牙签扎气球，展示了有趣、新颖、惊奇的物理现象。教师在演示中又创设教学情境，巧设疑问，把这种外部诱因作用于学生，使其产生内部需要，激发了学习兴趣，提高了他们的学习积极性，从而把学习积极性引向具体的学习目标。 【演示技能】这个实验成功的秘诀之一在于图钉数量足够多，且密集分布，教师要多试几次。同时还要注意安全，以免图钉散落一地
咦，没破，轻轻地用力压它，也没破。是这个气球有什么魔法吗？我们再让它和一根牙签轻轻碰一下，破了，说明这就是一个普通的气球。 看完这个实验，同学们心里是不是充满疑问呢？为什么气球和更多的图钉同时接触反而更不容易破呢？这就和我们今天要学习的压力的作用效果有关。等我们学完这一节，同学们就能解开这个疑问了。要学习“压力的作用效果”，那我们首先就要知道什么是压力	【变化技能】在教学过程中，利用教学组织形式、教学活动形式等各种形式的变化，避免单调、枯燥、乏味的教与学，可以引起学生的学习兴趣，调动学生的学习积极性和求知欲望，使学生全神贯注地学习和思考

这里教师借助学生已有的经验——尖锐物体容易刺爆气球，先设置实验强化学生这一认知，然后设置矛盾的实验情境，刺激学生对尖锐物体刺爆气球原因的思考，为压力作用效果的学习埋下伏笔。

设置形成认知冲突的问题情境导入的技巧就是要设置一个问题情境。教师应充分尊重、理解学生先前经验，引导学生充分表达各自的观点。这一过程可能比一般的灌输教学要花更多的时间，但应用这样的技巧可以在很大程度上促进学生对概念的理解和对科学知识的学习。

学生学习物理概念、规律前，大脑中已有与科学概念不一致的概念，如力、功、牛顿第一定律、牛顿第二定律、自由落体运动、温度和热量、电流、浮力、平面镜成像、溶解与熔化等（表 5-1）。

表 5-1　学习前概念举例

科学概念	学习前的概念
力	1. 只有有生命的人（或动物）才能施出力，或只有人（或动物）及发动机、磁铁、带电体等几种特殊物体才能施出力。 2. 力的作用是单方面的，如人、动物或磁铁等施力于某物体时，并不受到受力物体的反作用力。 3. 人施力的大小，在体力许可范围内，取决于主观愿望
牛顿第一、第二定律	1. 运动必须要有力的维持；要使物体运动，一定要有力的作用。 2. 要使物体做匀速运动，必须有大小不变的力作用在它上面；要使物体做加速运动，作用力要不断增加。 3. 人或动物只要依靠自身的力量，就能克服阻力做匀速或加速运动。例如，迈开腿就能走起来；汽车等交通工具只要依靠本身内部的力量就能克服阻力做匀速或加速运动，发动机一开就动起来了
电流	1. 电流是从电源出发的电荷像流水一样定向移动而到达用电器的过程。 2. 在串联电路中，两相同的灯泡 A、B，如果接通电源，那么离电源正极近的灯泡 A 要亮一些，因为先通过 A，从 A 到 B 时用了一部分电，电越来越弱
浮力	1. 油比水更容易漂浮，所以物体在油中所受的浮力比水中大。 2. 木块受到的浮力大于相同大小的铁块受到的浮力。 3. 浮力大于重力，如果不大于重力，物体怎么上浮呢？
平面镜成像	人离镜子越远，像越小

第二节 物理课堂教学导入微格教学

一、案例观摩与研讨

(一) 教学导入课例

在对物理教学导入有了初步的感性认识之后，怎样将这些理论知识体现在教学实践中呢？观察并分析课例，体会导入技能的运用方法、技巧及有关原则。

课例 1 向心力与向心加速度

教学课题	向心力与向心加速度		
技能训练	导入技能	计划时长	11 分 17 秒
教学目标	1. 知道物体做圆周运动需要向心力。 2. 知道向心力的来源和特点。		

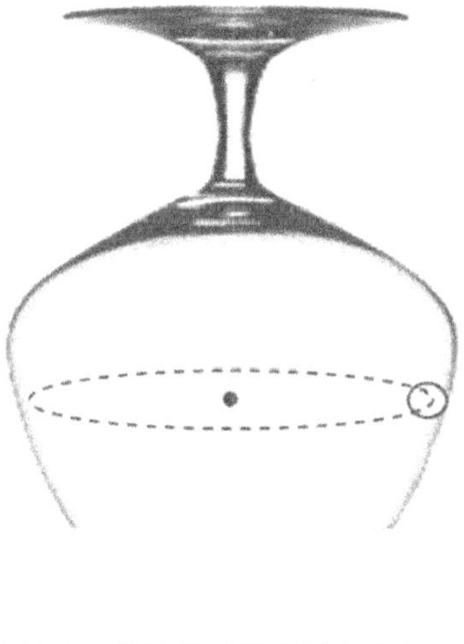

内容简介

通过课堂“搬运乒乓球游戏”，寻找秘诀：需要让乒乓球在酒杯中做圆周运动。接着围绕“为什么做圆周运动的乒乓球不掉落”进行受力分析，发现乒乓球并没有受力平衡，仍然受一个水平方向且方向变化的力。

然后教师进一步分析水平圆周运动。

演示实验 1：物体在圆形挡板内部做圆周运动。发现挡板提供一个指向圆心的力，如果没有这个力，物体就无法做圆周运动。

演示实验 2：木块在圆盘上随圆盘一起转动。发现也有一个摩擦力，使物体不脱离圆盘飞走。这个摩擦力方向与滑行趋势方向相反，即指向圆心。

续表

在两个实验的基础上，教师总结：做圆周运动的物体都受到指向圆心的力的作用。这样的力就称为向心力。

最后，教师总结向心力是按效果来命名的，不是一种新的特殊性质的力。向心力的方向与速度方向始终垂直，所以向心力只改变速度方向，不改变速度大小。

初步了解后，我的思考评价：

课例 2　滑轮及其应用

教学课题	滑轮及其应用		
技能训练	导入技能	计划时长	4 分 26 秒
教学目标	1. 知道滑轮是杠杆的变形。 2. 知道滑轮的构成和特点。		

内容简介

在杠杆学习的基础上，组织学生借助“杠杆”提水（如图所示），发现等臂杠杆无法将水桶从深井中提出。引导学生思考应该怎么办，引出“杠杆如果能连续转动就好了”。

教师拆除“地面”等装置，让杠杆绕中心连续转动起来，形成一个圆。再引导学生思考如何让转动更方便，得到“把杠杆做成圆形的转动就更方便了”想法。教师指出这样的装置称为滑轮。滑轮实际上就是杠杆的变形。

然后教师介绍滑轮的构造：由轮、轴、框、钩四个部分组成，能够绕轴转动的、边缘有槽的轮子称为滑轮。

最后教师示范利用其中一个滑轮将重物举高的方法，并定义动滑轮和定滑轮。

续表

初步了解后，我的思考评价：

(二) 导入语言的特点

教师在导入新课时，要想第一锤就敲在学生的心灵上，激起他们思想的浪花，像磁石一样把学生牢牢吸引，就需要精心设计导入的语言。

(1) 创设情境、引入材料、启发谈话导入新课时，教师的语言应富有感染力。无论是用富有激情的诗歌，还是叙述事实、情节过程，或介绍地点、环境特征等，教师语言的感情色彩都应该十分鲜明。语言既要清晰流畅、条理清楚，又要娓娓动听、形象感人，使每一句话都充满感情和力量。这样的教学语言能拨动学生的心弦，使其产生共鸣，激起强烈的求知欲望。

(2) 直观演示、动手操作、借助实例导入新课时，教师的语言应该通俗易懂、富有启发性。无论对实物的演示说明、对操作过程的指导，还是对实例的解释说明，教师都应选择最恰当的语句，准确、简洁地表达出教学内容，点明直观作用。运用这样的语言才能吸引学生的注意、启发思维，调动学习的积极性，更好地探求新的知识。

(3) 审题入手、类比、联系旧知识导入新课时，教师的语言应该清楚明白，准确严密，逻辑性强。只有用准确严密的语言提出问题、进行讲解，才能使学生由此及彼、由表及里地推想，才能温故知新引起联系，使学生正确掌握新课内容，提高课堂教学的质量，取得最佳的学习效果。

(4) 用巧设悬念的方法导入新课时，教师的语言应该含蓄、耐人寻味。这样的语言会使学生感到新奇，容易引起联想，活跃他们的思维，调动学习知识的积极性。

总之，无论采用什么方法导入新课，教师的语言都要确切恰当，有画龙点睛之妙；也应朴实无华、通俗易懂、实事求是；还应生动活泼、饶有风趣，给人以幽默之感。

二、编写导入教案

(一) 教案课例编写

根据导入技能的特点及要求，参考课例 1 和课例 2，认真备课，根据自身教学特点，完成相应的教案编写。编写教案时要注意基本技能的应用，编写格式可以参考表 5-2。

表 5-2 教案编写格式

姓名		指导教师	
片段题目		重点展示技能类型	
教学目标			
时间	教学过程		技能分析
设计思路说明			

课例 3 “向心力与向心加速度”教案

姓名		指导教师	
片段题目	向心力与向心加速度	重点展示技能类型	演示技能 强化技能
教学目标	1. 知道物体做圆周运动需要向心力。 2. 知道向心力的来源和特点。		

教学过程		
时间	教学过程	技能分析
	同学们好，我们要上课了。 首先我们一起来做一个小游戏！大家看，老师这里有一个竖直放置、杯口始终朝下的玻璃杯，怎样利用它将桌面上的乒乓球竖直提起来，跨过障碍物，搬到另一边呢？大家思考一下。 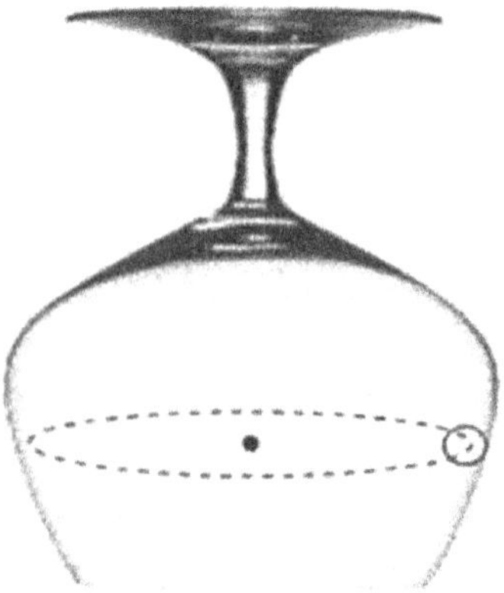 好，我们请这位同学来试试。 （同学尝试。） 好，请坐！我们要表扬一下这位同学，方法是对了，遗憾的是离成功只有半步之遥。老师也来试一下！ （教师成功演示。）	【强化技能】虽然几位学生都没有成功，但教师运用语言强化技能，对学生的行为给予肯定，可以很好地保护他们探索的热情。

续表

时间	教学过程	技能分析
	大家说说看老师成功的秘诀是什么。 让乒乓球在玻璃杯内快速做圆周运动。 为什么快速做圆周运动的乒乓球不会掉下来呢？究竟做圆周运动的物体有什么受力特点呢？今天我们就从最简单的匀速圆周运动开始研究。 我们先来看一个实验。这是老师的自制教具，是一个近似光滑的竖直环形挡板。我让小球在近似光滑的水平面上沿着挡板做匀速圆周运动。请大家对小球进行受力分析。小球受哪些力呢？来，你回答一下。  （同学可能回答：重力，支持力，弹力。） 很好，请坐。其中竖直方向上的重力和支持力是一对平衡力，作用效果相互抵消。 那么小球真的有受到挡板的弹力吗？弹力是由于挡板的形变产生的，那么形变你们看得到吗？ （生：看不到。） 那好，我们再来看一个实验。 同学们注意了，挡板的这个部分是可以打开也可以合上的。当小球运动到缺口处时，我将挡板打开，此时小球跟挡板没有接触，肯定没有受到弹力，那它还能做圆周运动吗？现在我们用沾有墨水的小球来做实验，就可在白纸上留下运动轨迹。 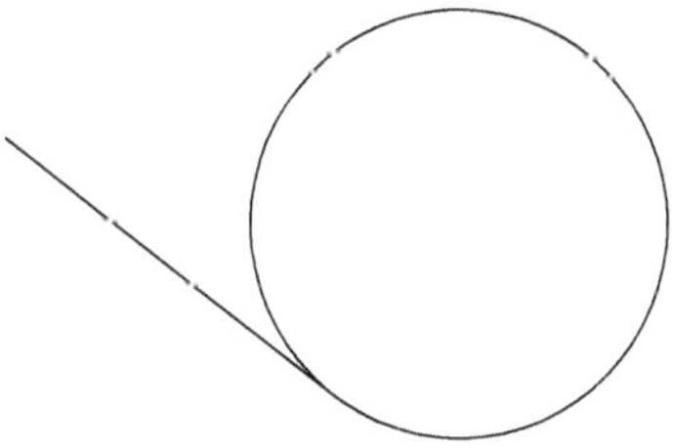 大家看，打开挡板后，小球不再做圆周运动了，而是沿切线方向做直线运动。可见，做圆周运动的小球确实有受到挡板对它的弹力，说明小球确实挤压了挡板。小球会挤压挡板，说明做圆周运动的小球有远离圆心的运动趋势。 那弹力的方向呢？请这位同学回答！ （同学可能回答：指向圆心。） 很好，请坐。弹力方向要与接触面垂直，也就是要与挡板的切面垂直，所以弹力的方向就像这位同学说的是沿着半径指向圆心。小球在运动的每一瞬间，由于惯性，都有沿切线运动出去的趋势，这是因为弹力把小球拉到圆周上，使小球做圆周运动。	【演示技能】教师演示如何用玻璃杯搬运乒乓球跨越障碍物。与学生失败的尝试形成对比，激发学生学习的积极性。 【变化技能】利用变化技能，充分利用多种传输通道传递信息，尽可能地调动学生的不同感官，有效地、全面地向学生传递教学信息。在良好的气氛中，根据教学过程中不同的教学内容和阶段教学目标，变化教学方式，能使学生更好地进行自主、合作、探究学习，提高教学效率。 【语言技能】教师利用科学、规范的语言，分析圆周运动小球在撤离挡板后的运动状态和原因，教给学生用物理语言解释和描述自然现象的方法。

续表

时间	教学过程	技能分析
	是不是只有弹力能使物体做圆周运动呢？ 我们再来看一个实验。这是一个蒙有毛巾的转盘，毛巾上放一个木块，现在我让木块随着转盘近似做匀速圆周运动。请大家对木块进行受力分析。木块受到哪些力呢？来，你回答一下！  （同学可能回答：摩擦力。） 那是滑动摩擦力还是静摩擦力呢？ 对了，是静摩擦力，请坐。其中重力和支持力是一对平衡力，作用效果相互抵消。那静摩擦力的方向呢？来，你回答一下！ （同学可能回答：指向圆心。） 很好！那能说出为什么是指向圆心吗？好，请坐，有补充的同学吗？ 老师提示一下。首先，我们学过静摩擦力的方向与运动趋势相反，又从上面的实验得到启发，做圆周运动的物体有远离圆心的运动趋势，所以静摩擦力的方向与这个运动趋势相反，总是沿着半径指向圆心。正是这个静摩擦力使木块做圆周运动。 那刚才的实验中，是什么力使乒乓球做圆周运动呢？我们来对乒乓球进行受力分析。大家说，乒乓球受哪些力呢？ （重力和玻璃杯对它的支持力。） 那是什么力使乒乓球做圆周运动呢？ 很好，是支持力的水平分力。还有没有不同看法？这个分力我们也可以看成重力与支持力的合力，方向总是沿半径指向圆心，正是这个力使乒乓球做圆周运动。那现在同学们能解释为什么快速做圆周运动的乒乓球不会掉下来了吗？因为重力被支持力的竖直分力抵消了，所以就不会掉下来了。 现在同学们讨论一下，前面实验中小球、木块、乒乓球，它们的运动状态有什么共同点呢？ （都做圆周运动。） （都受到指向圆心的力的作用。） 很好，我们把这样的力就叫作向心力。哪位同学能试着给向心力下个定义？	【变化技能】仅靠一个演示和现象分析往往不能得到令人信服的结论。 教师通过语言转折，非常流畅地变化进入下一个现象演示。 【提问技能】在前一个演示的分析讨论中，学生基本知道了分析的方法和思路。这里教师提问“木块受到哪些力?”符合学生的认知，通过后续的引导，学生能够得到“指向圆心”的答案，甚至可以得到“力的方向始终变化”的观点。 【提问技能】原有的矛盾解决后，新的矛盾又产生了，一环紧扣一环，一连串由简单到复杂、由低级到高级的问题，能够激发学生的思维，激励学生向较高的目标奋进。 【强化技能】学生积极参与课堂教学活动、积极思考等行为得到了教师、同学的肯定，学生也从学习中得到收获，自己的努力得到肯定。这激发了学生进一步学习的愿望，对课堂教学充满期待，积极调动情绪和思维关注教学活动

续表

时间	教学过程	技能分析
	来，大声点，让同学们都听到。很好，大概意思都讲到了。请坐！老师来总结一下：做圆周运动的物体受到一个始终指向圆心的力的作用，这个力叫向心力。那向心力是由什么力提供的呢？ 第一个例子中是弹力，第二个例子中是静摩擦力，第三个例子中是重力和支持力的合力或者说是支持力的水平分力。还有，我们以后学习的其他性质的力，比如万有引力、电场力、磁场力也能使物体做圆周运动。可见，向心力是可以由这么多不同性质的力提供的，我们不能说向心力就是弹力，就是静摩擦力，它是按效果来命名的，所以向心力是一种等效力	【多媒体辅助技能】教师借助多媒体课件，将三个实验的内容和特点归纳呈现，为学生总结整理向心力的来源和特点提供有效帮助

课例 4　“滑轮及其应用”教案

姓名		指导教师	
片段题目	滑轮及其应用	重点展示技能类型	演示技能
教学目标	1. 知道滑轮是杠杆的变形。 2. 知道滑轮的构成和特点。		

教学过程

时间	教学过程	技能分析
	同学们，前面我们学习了杠杆。现在老师要利用这根等臂杠杆将水桶从深井中提出。老师在杠杆的一端施加一个向下的动力，发现杠杆已碰地，水桶还没到达井口怎么办呢？ （学生尝试回答。） 这位同学说得很好，如果杠杆能继续转动就行了。现在老师将杠杆向上移动，它就能继续转动，大家看，水桶被提出来了。  如果我们让杠杆连续转动，大家想象一下，会出现什么情景呢？我们看到，它形成了一个圆。	【演示技能】教师借助自制教具，演示杠杆提水，发现无法将水提出井口。所演示的情境符合学生认知，能够帮助学生抓住重点：是杠杆的一端已经碰到地面，造成无法继续转动。这为后续得到“继续转动”的答案提供重要提示，能够帮助教师顺利实施教学

时间	教学过程	技能分析
	现在老师把杠杆改装成圆形的，这样它转动起来就更方便了，这样的装置叫作滑轮。滑轮实际上就是杠杆的变形。今天我们就来学习一下滑轮。 请大家认真观察桌面上的两个滑轮：它们由哪些部分组成呢？大家一起说说看。 对了，它们都由轮、轴、框、钩四个部分组成。 像这样能够绕轴转动的，边缘有槽的轮子叫作滑轮。	【演示技能】通过自制教具灵活地演示，为学生提供丰富的直观感性材料，有利于突破难点和重点，帮助学生认识“滑轮是杠杆的变形”。
	现在老师要利用其中一个滑轮将重物举高： 1. 把滑轮挂在铁架台上。 2. 在绳子的一端挂上重物。 3. 将绳子从上方绕过滑轮。 4. 在绳子的另一端施加一个重物就被举高了。 大家能不能用另一个滑轮，想出不同的方法，也把重物举高呢？好，这位同学做出来了：	【演示技能】教师边讲解边演示滑轮的组装，一方面帮助学生熟悉滑轮，另一方面向学生介绍滑轮的组装方式，为后续更多滑轮组装方式奠定基础。
	1. 将绳子的一端固定在铁架台上。 2. 把重物挂在滑轮下方。 3. 将绳子从滑轮下方穿过。 4. 在绳子的另一端施加一个向上的拉力。 就可以了。	【演示技能】在演示过程中发现“关键不变量”，帮助学生理解“动滑轮”的含义。
	现在，老师利用这两种方法同时将重物举高，请大家认真观察，这两个滑轮工作过程中有什么不同呢？同学们说了，右边的会动，左边的不会动。 老师在左边的滑轮上贴一个小圆点，大家看，这个轮子也在转动。那是什么不动呢？是轴不动。那另一个滑轮呢？它的轴会随着物体的运动而运动。 我们把在工作过程中轴固定不动的滑轮叫定滑轮，把轴随物体一起运动的滑轮叫动滑轮。可见，定滑轮和动滑轮的区别不是构造不同，也不是一个会动一个不会动，而是在工作过程中，轴会不会随物体一起运动	【强化技能】教师作为学习的信息传播者、组织者、管理者和参与者，对学生的积极态度和行为做出评价和反馈回应，调动学习积极性，强化积极参与教学的各种反应。这样能使教学系统各要素更加升放，提高教学效率

（二）课堂导入的七种“武器”

根据物理学科特点，归纳出如下导入方式。

1. 以提出新奇、有趣的问题为起始

提问是最广泛、最经常采用的一种教学手段。提问必须科学、有趣味、有意义。提问除了具有巩固知识、信息反馈的作用之外，还要有启发、引趣的作用。

2. 以生动形象的叙述为起始

生动形象的语言可以唤醒学生的注意。如果在生动形象的叙述中再设计出科学的、合理的、恰如其分的、带有情趣的细节描述，那么这种语言的效果更突出，尤其是作为一节课的“开场白”。

3. 以引人入胜的多媒体为起始

目前，许多课采用电影视频片段、动画等多媒体辅助手段。如果在课的起始就能将课的内容与有关电影、动画情节相结合，对学生学习兴趣的产生无疑是相当重要的。

4. 以新颖的实验为起始

有时，课的起始采用了实验方式。教师根据教材内容的要求，通过演示操作，先将实验的过程、产生的现象展示在学生面前，然后按照这条线索使学生思考、研究、讨论，最后得出结论。

5. 以学生实际操作为起始

在正常教学中，学生课堂实际操作的机会不多。如果课的内容允许，而且又经过教师的精心设计、学生的充分准备，让学生亲自动手操作，这样的起始更能引起学生的兴趣，因为它克服了以往的起始模式，给学生形成了崭新的刺激。

6. 以发散思维训练为起始

在以往教学中，课起始时的提问、练习训练是司空见惯的，但内容却是乏味的重复，因此通常不能激发学生的学习兴趣。如果采用求异思维训练（如一题多解、一题多变、创造性思维训练等），学生出于好奇心、好胜心、强烈的求知欲望，就会专心致志，积极思考，兴趣盎然。

7. 以学生热烈讨论为起始

有些课是以学生自学、讨论（包括小组讨论）等形式为起始。这样的课有利于培养学生的自学能力，调动学生的积极性。当然，这里的自学或讨论不是自由放任或徒有形式，而是要充分发挥教师的主导作用，以恰当的、能引起学生注意的自学提纲、讨论提纲为主线。

三、导入设计的注意事项

导入在整个教学中是一个重要的环节，它直接影响学生学习的情绪和效果。在设计导入时，要注意以下几个问题。

1. 导入要有针对性

物理教师设计导入一定要与教材内容和学生的特点相适应，要根据教学内容而不能脱离教学内容。所设计的导入方法要具体、简捷，尽可能用少量的语言说明课题要学习的内容、意义和要求。一开始就把学生的思路带入一个新的知识情境中，让学生对要学习的新内容产生认识上的需要。导入只是一个开头，从课堂结构的角度来看，它的作用是为教学打开思路。如果脱离课堂整体，即使是再精彩的导入也失去它应有的作用，是不可取的。

2. 导入要有启发性

导入对学生接受新内容具有启发性，使学生实现知识的迁移。通过浅显而简明的事例，学生得到启发。富有启发性的导入能引导学生发现问题，激发学生解决问题的强烈愿望，调动学生思维活动的积极性，促使他们更好地理解教材。启发性的关键在于启发学生的思维活动，而思维活动往往是从问题开始的，又深入问题之中，它始终与问题紧密联系。学生有了问题就要去思考、去解决，这为学生顺利地理解学习内容创造了前提条件。

3. 导入要有趣味性

设计导入要做到引人入胜，使教材内容以新鲜活泼的面貌出现在学生面前。这样能最大限度地引起学生的兴趣，激发他们的学习积极性，有利于引导和促进学生接受教材，防止学生产生厌倦心理。

4. 导入要考虑语言的艺术性

要想使新课的开始扣动学生的心弦，激起学生思维的浪花，像磁铁一样把学生牢牢地吸引住，就需要教师讲究导入的语言艺术。考虑语言艺术的前提是语言的准确性、科学性和思想性，同时还要考虑可接受性，不能单纯地为生动而生动。因此，设计导入要根据导入方法的不同，考虑采用不同的语言艺术。

四、导入教学应避免的问题

1. 方法单调，枯燥无味

有的教师在导入新课时，不能灵活多变地运用各种导入方法，总是用固定的、单一的方法行事，使学生感到枯燥、呆板，激发不起学习的兴趣。出现这个问题的主要原因是：有的对导入新课的重要性重视不够，因此在备课时没有下功夫准备；有的是手头缺乏资料，苦于找不到方法和材料。

2. 洋洋万言，喧宾夺主

新课导入时不能信口开河，夸夸其谈，占用大量的时间，以致冲击了正课的讲述。新课导入只能起到“引子”的作用，起到激发兴趣、提出问题、导入正课的作用，就像火车头起到牵引多节车厢的作用一样。如果一个火车头只牵引一两节车厢，那就毫无价值了。新课的导入也是同理，占用时间过长，就会喧宾夺主，影响正课的讲解。因此，在导入时一定要合理取材，控制时间，恰到好处，适可而止。

3. 离题万里，弄巧成拙

导入新课时所选用的材料必须紧密配合所要讲述的课题，不能脱离正课主题，更不能与正课有矛盾或冲突。例如，某教师在讲“波的传播”时讲到有一次发大水，水势如何凶猛，冲垮了房屋、桥梁，淹死了多少人等，这样的水流根本不是“波”，而且给学生造成了“波的传播就是介质中质点在向前运动”的错误认识。这样的导入不但没有起到帮助学生理解新知识的作用，反而干扰了学生对新授课的理解，给学生的学习造成了障碍。

4. 缺乏准备，演示失误

各种导入新课的方法都应在课前做好充分的准备。特别是通过实验或游戏的方法导入新课，若准备不充分，导致在课堂上演示失败，或出现相反的效果，都是对正课的教学有弊无利的。例如，有的教师在做电学实验时，低压电源调压旋钮转向搞错，导致电压升高烧毁了电表；有的教师在做摩擦起电实验时，由于室内及仪器湿度太大而不起电；有的教师在用感应线圈做实验时，不慎自己遭电击等。总之，由于准备不足或操作不当致使演示失败造成笑话的例子很多。因此，用实验方法导入时必须十分谨慎，在备课时要做充分的准备，在确保成功的前提下才能到课堂上做。

第三节　物理课堂教学讲解的设计与分析

课堂教学过程即讲解的过程，是教师利用语言、实验等道具讲解问题、启发思考的过程。当今各种现代化教学手段在教学中广泛应用，但无论其手段多么科学、先进，都无法取代教师面对面的讲解。

讲解是教师运用有声语言向学生传达信息的教学形式。讲解技能是指教师在课堂中运用语言、体态及各种教学媒体，引导学生对教学内容进行分析、综合、抽象、概括，进而向学生传授知识和方法、启发思维、表达思想情感的一种教学行为。其目的在于使学生从感性认识上升到理性认识，把握知识结构的内在联系与规律。讲解技能在行为方式上的特点是以语言为主，在教学功能上的特点是传授知识和方法、启发思维、表达思想情感。

讲解技能有两个特点：第一，讲解的主要媒体是教学语言，但教学语言又只是讲解技能的一个条件，并不等同于讲解。讲解技能更注重组织结构和表达程序，同样的内容，不同教师运用不同的语言技巧、不同的组织结构和表达程序进行讲解，往往会收到不同的效果。有的教师三言两语就能切中要害，使学生茅塞顿开；有的教师词不达意、语义模糊，反而使学生混沌茫然；有的教师布下疑阵，环环紧扣、步步深入、逼近主题，使学生心领神会、趣味盎然；有的教师思路紊乱，结构松散、颠三倒四、无章可循，使学生厌倦心烦、索然无趣。可见，在讲解中，教学语言的组织和表达是极为重要的。第二，信息传输方向是单一的，是由教师传向学生。

一、物理课堂教学讲解技能的构成

讲解结构是指讲解内容和方式的组成及其相互联系。教师讲解的结构框架是教材的知识结构、学生的认知结构及教学方法的组织结构三者的有机结合，其中教材的知识结构是核心。教师上课时不能无序地讲授知识，要将教材的知识结构按照学生的认知规律清晰地展现出来，给学生留下深刻的印象。

在讲解技能中，讲解结构应围绕讲解主题构建，在明确讲解内容间内在联系的基础上，精心设计系列关键问题，通过这些问题激发学生求知欲，集中学生注意力，并组成清晰有序的讲解整体结构。

怎样才能清晰地建立讲解的结构框架？一般是通过提出系列化的关键问题，辅以清晰的板书，注意转承衔接及分析综合来实现。

1. 精心设计关键问题

精心设计关键问题对形成讲解的结构框架有重要作用。讲解是以提出问题、思考问题和解决问题为线索的。问题可以明确讲解的中心是什么，激发学生的认知矛盾冲突，引起学生的注意和兴趣。教师在每一个教学环节都可以提出一个关键问题让学生思考，通过问题讲解等学习活动得到解决，进一步激发学生的学习动力，然后进入下一个问题的学习。教师提出的一系列问题环环相扣，编织了讲解的结构框架。因此，讲解时提出的关键问题应该精心设计，做好充分的准备，并以此为线索展开教学。

2. 辅以清晰的板书

清晰的、结构化的板书可以强化讲解的结构框架。板书具有简明、直观的作用，能将讲解的主要内容概括地写在黑板上，并且用连线表明它们之间的联系，用彩笔加强重点，表现事物之间的各种关系。在一些关键的字、词、句下面画线或用彩色粉笔突出某些重要内容等。教师在讲解时有板书直观配合，更能突出和明确讲解的结构框架。在观看投影和视频片段的同时，教师若能结合板书，可大大增强讲解的教学效果。

3. 注意转承和衔接

清晰的讲解要求讲清各部分内容之间的联系，因此在内容转换之处一定要做好转承和衔接，这对明确讲解的结构框架很重要。

4. 分析和综合

紧密结合学生认知水平的分析和综合对于明确讲解的结构框架也有重要作用。教师对知识的分析综合是为了充实和完善学生原有的认知结构。学生的认知一般经过以下几个阶段：感知、理解和应用。

在学生认知的感知阶段，通过教师形象化的语言描述，或者结合其他教学技能，学生对有关事物和现象有一个明晰的印象，形成观念；理解阶段是在大量感知的基础上，通过分析、比较、综合、概括、想象等思维活动，学生对事物的认识不断深化，能突出事物重要的、本质的特征，比较确切地得出概括性的结论；在应用阶段，教师在综合概括全部学习内容的基础上，帮助学生灵活地分析在变换的新情境下出现的问题，提高学生分析问题、解决问题的能力。可见，讲解是一个不断分析综合的过程。教师准确、清晰的分析，适时、精辟的综合概括，可以帮助学生梳理和提炼知识结构，突出讲解的结构框架。

二、物理课堂教学讲解的设计与案例分析

了解了讲解技能及其作用、掌握了其要素和类型，随之而来的问题就是教师应该如何根据教学目标、任务和教材内容的特点，针对学生实际，合理、灵活地运用讲解技能，真正实现讲解技能的价值意义和作用。下面从几个方面介绍讲解技能在教学运用过程中应注意的问题。

1. 教学讲解的设计

(1) 充分准备，了解学生

学生分析是教学设计的基础，也是提高课堂讲解实效性的前提。教师在课前必须充分了解学生情况，如学生的年龄、性别、年级、知识水平、兴趣爱好、纪律状况等，才能有

针对性地选择讲解的方式和方法，更好地调动学生学习的积极性，提高讲解的实效性。另外，分析学生特点，才能更准确地判断课堂教学的难点所在，有针对性地设计突破教学难点的讲解方案。

（2）突出重点，抓住关键。

教师要钻研物理课程标准、教材，找准、讲好重点。重点是讲解的核心部分，讲解时要集中时间、精力和材料解决重点问题，要讲清基本概念、基础知识、基本原理。只有围绕重点讲解，才能提高讲解效果。关键是讲授中最紧要的部分，是对学生顺利进行学习起决定作用的环节。讲解抓住了关键，其他则迎刃而解。

（3）条理清楚，简练准确。

讲解应根据讲解的目的和要求，有条理、有层次地进行，应根据材料的内在联系和逻辑关系，解决好讲解的主次、先后等问题，做到组织合理、逻辑严密，结构完整分明。

物理教学中，讲解枯燥、啰唆和烦琐易造成学生逆反心理，影响学习的积极性。只有用精练、简短的语言来表达教师的教学指导思想和方法要领，才能使学生正确地理解并掌握物理学的基本知识。精练的讲解可使讲解的内容重点突出、层次分明、思路清晰，提高学生的学习兴趣。

（4）把握时机，注意反馈。

在课堂中，教师如果不注意有效地运用时间和把握讲解的时机而盲目地讲解，就要影响学生练习的积极性和教学效果。在学生注意力集中时讲解，这是最好的时机。

在师生双边活动的教学中，教师在课上讲解的同时，要随时注意学生的反应。优秀的教师要有敏锐的眼光、丰富的经验，随时从学生的神态、表情和动作中发现学生是否注意、是否明白、是否理解、是否有疑问。根据存在的各种现象、问题和反馈的信息，及时调节讲解的内容，控制讲解速度，改变讲解的方式，以便及时改正，达到理想的教学效果。

（5）讲解技能与其他教学技能配合使用。

根据学生心理发展特点和信息保持规律，讲解以5～10分钟为宜，长时间的讲解容易使学生注意力不集中。为了发挥讲解的优点，弥补讲解的不足，在讲解过程中应常与其他教学技能配合使用。

讲解也常与演示、导入、提问、反馈、板书等教学技能，特别是变化、强化技能相结合，形成讲解中的技能群，以弥补其不足。在教学过程中，注意采用启发式教学，配合讲解与提问相结合的方法。在讨论和分析讲解的过程中，这些问题可集中学生注意力，激发学生积极思维，开动脑筋，活跃课堂气氛，提高学生参与意识，这是讲解技能运用上非常重要的方面。利用多媒体图片、视频和幻灯的演示，刺激学生的视觉器官，增强刺激效应，弥补讲解的不足，提高讲解技能的直观性、形象性和生动性。教师还可以用身体的姿态语、眼神、面部表情、头部动作（摆头、点头）和手势的变化以助说话，提高讲解的感染力。

2. 物理概念讲解实例分析

物理概念的讲解要遵循概念教学的基本要求。在概念教学的不同阶段，讲解要有所侧重。首先，在概念引入阶段，教师的讲解主要是分析大量的事实，唤起学生已有的感性知识；或进行实验，或组织有关实践活动，在讲解过程中引导学生观察，达到了解现象、取得资料、发掘问题和勤于思考的目的。

其次，在概念理解阶段，教师讲解的主要目的是引导学生进行比较、分析、综合、概括，排除次要因素，抓住主要因素，找出所观察到的一系列现象的共性、本质属性，形成概念，用准确、简洁的物理语言或数学语言给出确切的表述或定义，并指出所定义的概念的适用条件和范围。

最后，在概念应用阶段，通过与有关、相近概念的对比讲解，以及进行适当的练习运用，巩固、深化对概念的理解。

案例 5　“静摩擦力”概念讲解

教学过程	技能说明
我们之前的学习已经了解了摩擦力是在两个相互接触的物体之间产生的一种阻碍相对运动的力。 在刚才的这个实验里，我们要推动桌子时，桌子与地面相接触，我们可以感受到有一个阻碍桌子与地面发生相对运动的力，这个力就是摩擦力。我们从二力平衡的角度来分析这个问题：桌子处于静止状态，也就是平衡状态，我们对桌子有一个推力，那么桌子要处于平衡状态，必然受到一个与推力平衡的力。又由于桌子仍然是相对地面静止的，也就是说这个摩擦力不是滑动摩擦力，所以我们称之为静摩擦力。那让我们来研究一下在什么状态下会有静摩擦力	【语言技能】教师利用语言分析学生身边的事物，引导学生感受阻力的存在。 【强化技能】教师通过组织教学过程中的情境呈现，使学生对其做出反应，如果教师没有给予反馈，则学生的认识尝试活动会失去方向和动力。这样教学环节便失去控制，学生的思维活动变得混乱。

续表

教学过程	技能说明
我们之前学习了滑动摩擦力，我们可以用滑动摩擦力与静摩擦力对比，得出静摩擦力产生的条件。我们知道滑动摩擦力的产生条件是接触、挤压、接触面粗糙、两物体间相对滑动。那么让我们来类比一下静摩擦力。 静摩擦力的产生也需要接触、挤压、接触面粗糙等条件，但物体没有相对滑动。由于推力的存在，物体有相对滑动的趋势，故静摩擦力与滑动摩擦力的区别在于：滑动摩擦力产生于两个相互滑动的物体之间，而静摩擦力产生于两个具有相对滑动趋势的物体之间。	【变化技能】注意是课堂教学中学生学习的一个重要学习因素。课堂教学中，物理教师运用变化技能，把学生的注意力始终集中到教学上，使学生的注意保持良好的品质，使其沉浸于教学的意境之中。

静摩擦力与滑动摩擦力的概念有许多相通的地方，借助相似的问题情境，对比滑动摩擦力引出静摩擦力可以有效帮助学生理解静摩擦力的概念，同时强化滑动摩擦力的概念。物理学中有许多概念都是相通的，教师要注意在学生已有认知基础上，借助相似对比讲解，帮助学生理解相关的物理概念。

案例 6 “压力”概念讲解

教学过程	技能说明
同学们，我们刚刚分析了放置在桌面上的水杯对桌面的压力，我们发现它对桌面的压力是垂直于作用面竖直向下的。有的同学联系到了重力，这样能够联系前面所学过的知识点是极好的，下面我们就一起来看看这个压力到底是不是重力。如果是，为什么不管它叫重力而叫压力呢？如果不是，那么压力和重力的区别是什么呢？请同学们思考 1 分钟。 认为压力是重力的同学请举手（代表 A）。 认为压力不是重力的同学请举手（代表 B）。	【提问技能】教师在学生感性体验的基础上提问，可以有效帮助学生明确问题的指向，并能有效预测学生可能的反应，为后续教学奠定良好的基础。
那么压力到底是不是重力呢？就让我们一起来分析一下。刚才我们讨论在水平面上水杯对桌面的压力，如果我们把桌子斜起来放，情况有什么不同呢？ 教师作斜面上压力的示意图。 我们发现了一个问题，压力的方向不同了，说明压力与重力是不同的。 那么我们再从力的三要素分析一下： 压力和重力的作用点不同，重力作用在重心，压力在接触面上。 它们的方向不同，重力始终竖直向下，压力则垂直于接触面。 它们的大小不同，重力由物体质量决定，压力由作用在物体表面的力决定。	【板书技能】教师借助板书板画，分析推理重力和压力的关系。帮助学生突破思维障碍，理解物理的过程，领会物理规律和概念的内涵。 【强化技能】在受力分析的基础上，教师继续利用力的三要素，强化学生对重力和压力的认识。

物理概念教学要求理清概念的内涵和外延，了解相关概念之间的区别和联系。教学实践发现，许多学生将压力与重力混淆，认为压力就是重力。为了帮助学生理解压力的内涵，有必要设计问题情境，引发学生思维冲突，在逐步讲解的过程中，突破思维障碍，帮助学生建立科学的物理概念。

3. 物理规律讲解实例分析

物理规律的教学过程，一般来说应当经历一个在教师的引导下，学生在物理世界的相互作用中发现问题、探索规律、讨论规律和运用规律的过程。因此，物理规律的教学过程一般包括以下四个有序的步骤：

（1）创设便于发现问题、探索规律的物理环境。

（2）带领学生在物理环境中，按照物理学的研究方法探索物理规律。

（3）引导学生对规律进行讨论。

（4）引导和组织学生运用物理规律。

案例7　“牛顿第一定律”规律讲解

教学过程	技能说明
为了解决这个问题，接下来我们就要针对这两个分歧点进行实验探究，看看到底谁的观点是正确的。先来进行第一个实验探究。 大家都仔细观察这个现象。老师推一下小车后手迅速离开，这样推力马上就撤销了。我们发现推力撤销后，小车仍然能够向前运动一段距离。可见，物体的运动需不需要力来维持？ （不需要。） 对，因此在第一个分歧上，伽利略的说法是正确的。 我们再来进一步分析。推力撤销了，小车还能运动，说明小车不受推力的作用也能运动。这就说明了亚里士多德说“没有力的作用，物体就要静止下来”的观点是…… （错误的。）	【演示技能】教师借助演示小实验，分析引导学生反驳亚里士多德的观点。
那么，物体为什么会停下来呢？是不是像伽利略说的“受到了阻力”？大家想想看，我们骑自行车的时候，如果不继续踩脚踏板，自行车会怎样？ 通过上一章的学习，我们知道自行车的轮胎跟地面之间是有摩擦的。也就是说，轮胎会受到摩擦力的阻碍作用，使车最后停了下来。因此，在第二个分歧上，依然是伽利略的解释更为合理。	【变化技能】教师将学生注意力从评价亚里士多德和伽利略观点带入“为什么会停下来”的研究。

续表

教学过程	技能说明
有同学就要问了，既然亚里士多德的观点是错的，为什么他的观点能够持续那么久啊？同学们看，刚才老师让你们从生活现象进行推理，你们不也得出来同样的观点嘛。所以亚里士多德的观点能持续这么久，除了没人会质疑他之外，还有很重要的一点，就是他的观点更符合人们的日常生活经验。 为什么亚里士多德会得出错误的观点呢？就是因为他只通过观察生活现象就进行分析，没有通过实验来验证，凭生活经验就进行推理，从而得出了错误的观点。而伽利略不仅仅是通过观察，还动手进行实验，从实验中总结规律并进行分析推理，从而得出了正确的观点。可见在物理学中，观察固然是重要的，但实践才是检验真理的唯一标准啊！所以实验更是必不可少的！	【语言技能】教师借助语言结合日常生活经验，向学生介绍了古人观察和研究问题的不足，渗透了科学态度和价值观教育

对于牛顿第一定律的教学，不一定按历史上发现的过程来叙述，教师可根据教学要求、学生原有的基础、学校设备条件等重新设计。案例 7 中，教师提出两种不同观点后，利用学生身边的物理现象，分别解析两个问题，能够促进学生掌握研究方法和发展能力，为后续探究规律奠定基础。

4. 物理实验讲解实例分析

物理实验讲解有一个基本过程，一般都是开始于使学生做好观察的心理准备，结束于对学生的核查理解，其间经过出示仪器（教具）、指导观察、提示重点等几个步骤。实验讲解要求如下：

演示前，教师要根据教学内容和学生年龄特点，恰当地选择和准备好各种仪器或直观教具。

演示时，教师要使全班学生都能看到演示的对象，尽可能地让其运用各种感官，充分感知学习对象。

教师要引导学生注意观察演示对象的主要特征和重要方面，不要使他们的注意力分散到一些细枝末节上。要做到这一点，教师应对演示对象加以必要的说明，告诉学生观察什么、注意什么，同时提出一系列问题，把学生的注意力引导到必须进行观察的事物上，抓住最本质的问题。

教师要尽可能地让学生观察演示对象的变化、发展和活动的情况，这样才能使其获得深刻完整的印象。

教师还要适当配合讲解或谈话，引导学生观察，并给出一个明确的结论，以总结出规律性知识。

案例 8　“圆周运动”实验讲解

教学过程	技能说明
导入新课（实验演示），播放视频“飞车走壁”。 同学们，通过刚才的视频，我们产生了这么一个疑问：在杂技表演飞车走壁当中，究竟是什么力改变了飞车的速度方向，使其做圆周运动的呢？为了找出这个力，我们先来看一个简单的小实验。 （演示实验 1。）	【多媒体辅助技能】播放一些趣味物理或科教方面的视频，可以使学生有身临其境之感，充分激发他们的学习兴趣和求知欲望。兴趣是最好的老师，学生就能够积极、主动地学习
老师手中拿着一个小球，球上拴着一根轻绳。我用一根竹签将绳子的另一端固定在近似光滑的水平塑料板上，就可以让小球做圆周运动。那么在这个过程中，小球受哪些力？什么力改变了小球的速度方向，使小球做圆周运动？ （绳子的拉力。） 哦，很多同学说是拉力。是不是呢？我们可以通过实验来验证一下。假设确实是拉力促使小球做圆周运动，那就意味着如果我将拉力撤去，小球是不是就不能继续做圆周运动了呀？那在实验中要怎么把拉力撤去呢？	【演示技能】通过实验演示，为学生提供丰富的直观感性材料，有利于突破难点和重点，促进学生理解和巩固知识，加快教学过程，提高课堂教学效率
对，要想撤去拉力，我只要把竹签拔掉，这样绳子就松弛了，也就不会对小球施加拉力了。为了记录小球的运动过程，我在板上铺一张白纸，然后将小球蘸一点墨水，还是让小球在这个水平面上做圆周运动，大家仔细观察。 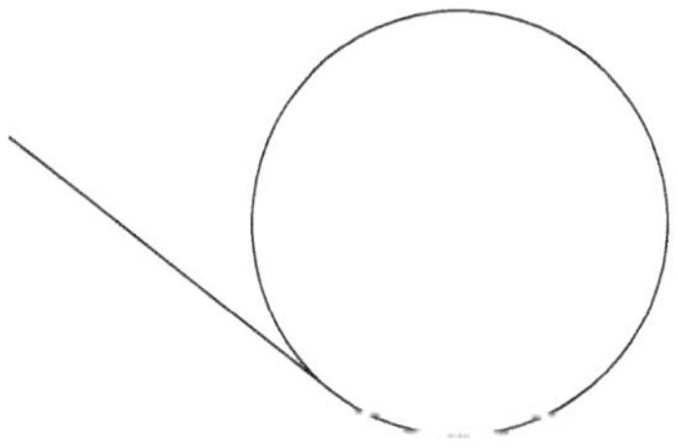 （验证实验 1。）	【提问技能】教师借助逐步深入、层层递进的一连串由简单到复杂、由低级到高级的问题，能够激发学生的思维，激励学生向较高的目标奋进
从白纸上留下的运动轨迹可以看出，当老师拔掉竹签之后，小球并没有继续做圆周运动。而是沿着圆的切线方向运动。这就说明，没有绳子的拉力，小球确实不能做圆周运动。 好，现在我们把小球的受力情况记录下来。小球受到了竖直向下的重力和竖直向上的支持力，以及绳子的拉力，拉力沿着绳子的收缩方向。其中，重力与支持力的作用效果相互抵消。因此，在这种情况下，是拉力改变了小球的速度方向，促使小球做圆周运动。那么，是不是只有拉力才能使物体做圆周运动呢？我们再来看一个实验。	【强化技能】借助实验演示，强化学生对圆周运动线速度沿切线方向的理解

续表

教学过程	技能说明
（演示实验 2。） 这是一个透明的近似光滑的圆形挡板，我现在让这个小球沿着圆形挡板的内壁运动，显然小球也是在做圆周运动。那么在这个过程中，小球受哪些力？又是什么力改变了小球的速度方向，使小球做圆周运动？ 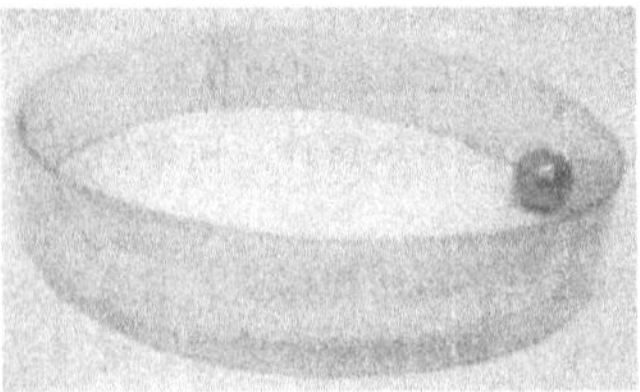 （挡板的弹力。） 我听到有同学说是挡板的弹力，是不是呢？我们也来看一下。 结果很明显，撤去挡板之后，小球没能继续做圆周运动，同样是沿着切线方向运动。那就说明，挡板确实对小球产生了一个弹力的作用，促使它做圆周运动。	【强化技能】设计同类型实验，强化对之前猜想和结论的理解。
好，同样，我们也把小球的受力情况记录下来。小球受到竖直方向上的重力与支持力，二者相互抵消，同时还受到挡板对它施加的一个弹力。那么这个弹力的方向又是指向哪儿的呢？ 根据之前学过的知识我们可以知道，弹力的方向与接触面垂直，也就是要与挡板的切面垂直，所以弹力总是沿着半径指向圆心。也正是这个弹力改变了小球的速度方向，使小球做圆周运动。 （分析“飞车走壁”。） 在以上的两个实验中，我们都找到了使物体做圆周运动的力。现在让我们回过头来解决一下之前留下的那个疑问，在杂技表演“飞车走壁”当中，是什么力改变了“飞车”的速度方向，使其做圆周运动的呢？好，我们来看一下，假设把人和车看成一个整体，那么在整个过程中它应该受到一个竖直向下的重力，以及垂直斜面向上的支持力。在这里摩擦力和空气阻力可以忽略不计。那大家思考一下，是什么力促使这个整体做圆周运动的呢？	【强化技能】在教学过程中，通过结论一致的实验，不断强化学生的正确结论，让学生体会到自己的认真学习得到老师、同学的肯定，心里有了满足感，会认识到行为的正确性并积极表现，其他学生通过间接强化也能有所体悟。因此，强化对于帮助学生正确行为和价值观的形成具有积极意义

学生已经初步具备了基于实验现象分析原因的能力。在圆周运动中，“向心力的因”并不是很突出，是教学的难点问题之一。这要求教师预先向学生指出将观察其中哪一方面的现象、为什么观察，以便学生有准备、有目的地进行观察和分析。教师通过设计问题，设计层层深入的实验演示，带领学生逐步剖析疑难问题，发现规律。

第四节　物理课堂教学讲解微格教学

一、案例观摩与研讨

(一) 教学讲解课例

在对物理教学讲解有了初步的感性认识之后，怎样将这些理论知识体现在教学实践中呢？观看并分析课例，体会讲解技能的运用方法、技巧及有关原则。

1. 概念讲解观摩

课例5　圆周运动的描述

教学课题	圆周运动的描述		
技能训练	概念讲解	计划时长	11分52秒
教学目标	1. 知道线速度的大小、方向及其所表征的物理意义 2. 知道引入角速度的必要性。 3. 知道角速度的大小及其所表征的物理意义		

内容简介

通过比较做圆周运动的物体运动快慢的问题，借助“速度”的定义，引入线速度的概念，介绍线速度的定义、大小、方向及物理意义。

在线速度基础上，比较传送带上两个线速度大小相同的点的转动快慢问题，引出线速度无法比较它们的转动快慢，引出角速度的概念，介绍角速度的大小和物理意义。

初步了解后，我的思考评价：

2. 规律讲解观摩

课例6　超重与失重

教学课题	超重与失重		
技能训练	规律讲解	计划时长	7分48秒

续表

教学目标	1. 知道超重与失重的含义。 2. 知道超重与失重产生的原因。 3. 能够判断物体超重和失重的状态。

内容简介

通过让挂着重物的细线断裂的小游戏，请学生思考：如何只用这一只手就将细线弄断？

学生可以根据生活经验，快速上提使细绳断裂。

教师追问：细线在刚提起时断的，也就是在物体加速上升阶段细线断了。这是为什么呢？教师围绕物体受力分析的步骤，逐步分析物体受力情况，并借助牛顿第二定律，分析得到上提的拉力大于重力。用弹簧测力计检验：拉力确实大于物体的重力。

在此基础上给出超重的定义，以及超重的特征。

同理，分析失重的产生原因和加速度特征。

最后介绍完全失重。

初步了解后，我的思考评价：

3. 实验讲解观摩

课例7 压强

教学课题	压强		
技能训练	实验讲解	计划时长	8分56秒
教学目标	1. 知道压强与哪些因素有关。 2. 知道压强大小与正压力成正比，与受力面积成反比。		

内容简介

在学生感性体验人和骆驼脚印的基础上，提出问题：压力产生的效果与哪些因素有关？学生可能认为与质量有关，与压力有关，与面积有关等。教师引导学生利用控制变量法设计实验方案，逐个验证。

最后得出结论：压力作用效果与正压力成正比，与受力面积成反比。

初步了解后，我的思考评价：

（二）课堂讲解的语言要求

课堂教学的成败主要取决于讲授的优劣，而讲授的优劣又取决于教师的语言技能，因而讲授的语言技能在课堂教学中就显得十分重要。也有人认为：“教师的任务就是传授知识，只要能把知识传授出去，学生能听清楚就万事大吉了，还谈什么语言技能。”但在实际工作中，许多课堂教学的失败，并不都是教师知识贫乏或资历浅造成的，大多是由于讲授缺乏应有的语言技能。那么，究竟怎样选择教师在讲授新课时的语言呢？这一阶段应从思考学生已掌握的知识，以及知识本身的内在联系和系统性开始。把学生的具体的已知内容纳入教材的未知体系中，使已知与未知有机地联系起来。因此，此阶段应以讲解为主，融会讲述辅以各种直观教学手段。其方法，从教材本身的逻辑安排上，可采用归纳法、演绎法；从学生如何掌握知识上，可采用问题探索法、讨论法；从教师的影响程度上，可采用指导法、自学法等。总体来看，此阶段的教学语言应主要体现逻辑性、透辟性和启发性。

（1）逻辑性：主要指准确地使用概念，恰当地进行判断，严密地进行推理的特点。但作为口语，语言必须简短明快，语气的舒缓或急促，语调的轻重缓急，都应受制于教材本身的逻辑性，依靠语言的逻辑力量。教师在讲授时一定要按照学生的理解水平进行逻辑推理。有些教师的讲授使学生感到高深莫测；而另一些教师的讲授又有些肤浅，叫人难以忍受。要做到讲授深浅适度，教师必须使自己的语言、思想和思维的顺序都与学生的水平相适应。讲授的内容要从具体到抽象，再回到具体，这样可以使一些问题不致悬在半空中。教师还要注意教材前后内容的逻辑性，给学生提供必要的背景知识，以便理解教材。

（2）透辟性：主要指阐发得透彻、尖锐，引导得玲珑剔透、清澈见底。要做到这些，教师必须提高自己驾驭教材的能力，能够居高临下，对全课甚至整个章节的教材都要有准确的分析，分清教材的主次，把握住重点和难点，把时间用在解决关键问题上，能做到一通百通。

好的教师在讲授中只突出几个论点，并围绕这些论点把它说清楚。为了保证教学目标的实现，教师除了必须清晰地阐明每个论点外，还要利用图解、事例及其他教学媒体来帮助说明。最后教师还要再回到他的论点，清楚地重申论点，通过最后总结使学生加深理解并尽可能牢固地掌握教学内容。

（3）启发性：主要指充分激发学生学习的内容诱因，培养学生的认识兴趣和思维能力。具有这种特性的语言，一般使用在课程的起、承、转、合处，或者使用在激疑、析疑、鼓励学生质疑和释疑处。就技巧手段而言，多使用设问、反问、比喻、比拟、排比、层递等修辞手法，致力于点拨、引导、启发。

（三）反馈与调整

云教学的本质是通过师生的相互作用使学生得到发展。教师在讲解时，如果只注意自己讲，不注意学生学得如何，听得如何，则不会有好的教学效果。教学是师生的双边活动，信息流不仅指向学生，学生的一部分反馈信息还要反送给教师。教师根据学生接受信息的状况随时调节自己的教学行为，变换教学方式，才能有的放矢，引导和指导学生顺利地获得知识，发展智能。

讲解时，来自学生的反馈信息主要有以下几种情况：

（1）学生听课时表情是喜悦、兴奋、认同，还是呆板、不解、惆怅或是昏昏欲睡。

（2）学生的动作如打开书、举手等是迅速还是迟缓。

（3）学生的目光是集中还是分散。

（4）学生做练习、回答问题是否顺利正确。

（5）学生愿不愿意听课，有无小声说话或做其他事情的情况。

教师采取的调节措施主要有以下几点：

（1）当大多数学生喜欢听课，对讲解充满兴趣时，教学状态最佳。应按原计划讲课，注意讲课的系统性，语言精练生动，一气呵成。争取让学生这种高昂的学习状态一直保持下去，直至讲解结束。

（2）当一部分学生感到疲劳，精神开始分散时，表明学生听讲时间过长或教师讲话音量过小，或知识已经学会，没有新意，学生对教师讲课的兴趣已经减弱。此时，应尽快结束讲解，转入知识的应用阶段，安排学生做练习，或提问，根据学生的回答再进一步深入讲解。如果是音量问题，则可以调整音量。

（3）当学生注意听讲，但感觉听得吃力时，可能是讲解缺乏旧知识铺垫或缺乏实例，也可能是音量过小，语调平淡。

（4）教师讲解时有可能出现口误，学生发现教师讲课中的错误，或根本听不懂的时候，可提醒教师纠正。教师应鼓励学生提出不同的意见和看法，形成民主的教学氛围，及时发现并纠正每个错误，迅速疏通师生间的信息通道，避免出现大的失误。

（5）讲解中安排提问，教师可以从学生的回答中获得反馈信息，根据学生掌握知识的程度，把握并调节教师的语言、动作，教学的进度、深度或变换教学的方式。

总之，讲解不是教师单独的行为，讲解以学生为对象，是师生共同的活动。教师讲解的优劣，是以学生能否听得懂、记得牢、兴趣如何为标准的。教学反馈可以沟通师生之间的联系，使师生之间形成畅通的信息循环。教学反馈的主动权在教师，教师在讲解时，要善于捕捉来自学生的反馈信息，迅速做出判断，并采取相应的措施调整自己的行为。教学就是在这样的师生相互作用之中进行的。

（四）情感控制

讲解不仅是教师与学生之间知识的交流，在学生学习知识的过程中，还渗透着教师的思想情感。讲解的情感控制是指教师在讲解物理知识时，要善于把握自己的情绪，按照物理知识本身蕴含的思想内涵，恰如其分地表现其思想内容。另外，教师讲解的情感控制还表现在教师的责任心，教师全身心地投入讲解，以教会学生为己任，心中想着学生，以关心、爱护学生的态度投身于教学，讲解就会有亲切、自然之感。一位平易近人、知识渊博、全心全意为学生服务的教师将为学生的人生播下幸福的种子，使学生受益无穷。

二、编写讲解教案

（一）教案课例编写

根据教学讲解的特点及要求，参考课例，认真备课，根据自身教学特点，完成相应的教案编写。编写教案时要注意基本技能的应用，编写格式可以参考表 5-2。

课例 8 “圆周运动的描述”教案

姓名		指导教师	
片段题目	圆周运动的描述	重点展示技能类型	多媒体技能，演示技能，语言技能
教学目标	1. 知道线速度的大小、方向及其所表征的物理意义。 2. 知道引入角速度的必要性。		

续表

教学过程		
时间	教学过程	技能分析
	一、线速度 同学们，刚刚我们学习了匀速圆周运动。现在老师让 A、B 都做匀速圆周运动，A、B 的运动有什么不同？ 对了，A 运动快而 B 运动慢。你们是怎样比较的呢？ 有同学说让运动时间相等，比较弧长。弧长长的，运动快。那对不对呢？我们来看一下课件。现在老师让 A、B 同时运动、同时停下来，即运动时间相等。我们发现 A 通过的弧长 s_1 大于 B 通过的弧长 s_2，所以 A 运动得快。 还有其他方法吗？ 这位同学说让通过的弧长相等，比较时间，时间短的运动快。现在老师让 A、B 同时运动，通过的弧长都等于周长。A 的时间 t_1 小于 B 的时间 t_2，所以 A 运动得快！ 前面这两种方法都有它的特殊性。第一种是时间相等比弧长，第二种是弧长相等比时间。现在我让 A 先出发，B 后出发，同时停下来，时间和弧长都不相等，又该怎么比较呢？ 这边的同学说可以用弧长与时间的比值即单位时间内通过的弧长来比较。比值大的，运动快。 对，也可以用时间与弧长的比值，即通过单位弧长所需的时间来比较。比值小的，运动快。 这两种方法都是对的，并且更具有普遍性。根据思维常规，我们习惯用比值大的表示运动快。物理学中，把物体通过的弧长（s）与所用时间（t）的比值定义为匀速圆周运动线速度的大小，用符号 v 表示，数学公式为 $v=s/t$，单位为 m/s。 二、角速度 同学们看，这是一个圆盘，老师使它匀速转（第三声）动，圆盘上的点都在做匀速圆周运动（课件）。能否用刚刚学习的线速度来描述物体转动的快慢？（表格）可以啊。 同学们认真观察，圆盘上距离圆心不同的点，在相同的时间内通过的弧长不相等（表格：虚线），即线速度的大小不等。那到底哪一点的线速度可以描述圆盘转动的快慢呢？我们不能确定。可见，仅用线速度无法描述物体转动的快慢。	【多媒体辅助技能】教师借助多媒体课件演示 A、B 两个圆周运动不同快慢的情况，为接下来的分析提供感性素材。 【强化技能】教师在教学过程中，通过对学生正确行为的强化，让学生体会到自己的认真学习得到老师、同学的肯定，心理产生满足感，会认识到行为的正确性并积极表现，其他学生通过间接强化也能有所体悟。因此，强化对于帮助学生正确行为和价值观的形成具有积极意义。 【多媒体辅助技能】教师借助多媒体课件演示两个转动快慢不同的圆盘，引出线速度无法描述它们转动的快慢，为角速度的引入提供感性素材。 【语言技能】教师借助多媒体课件和教具，用逐步深入的问题，层层引导学生如何比较转动快慢，最后得到角速度的概念。

续表

时间	教学过程	技能分析
	接下来请同学们再看一个演示实验。（转）用电机带动大圆盘匀速转动，大圆盘通过皮带带动小圆盘匀速转动，连接两圆盘的皮带不打滑。大家说，哪个圆盘转动得快呢？对！显然是小圆盘转动得快！那现在老师在两圆盘边缘上各取一点 A、B，转动圆盘（不到一圈）。大家说，哪一点的线速度更大呢？老师听到大部分同学说 B 点的线速度大，那对不对呢？我们来测量一下。老师让 A、B 回到红线处。让 A、B 同时运动，同时停下来，这样它们运动的时间是相等的。那弧长呢？我们来量一量。好，这是 A 点通过的弧长，我把它剪下来。这是 B 点通过的弧长，也把它剪下来。比较一下，发现它们通过的弧长相等，可见 A、B 两点的线速度大小相等。看来同学们刚才的判断是错的。 这两个圆盘转动快慢不同，但它们上面点的线速度大小却可能相等。这个实验也进一步说明仅用线速度无法描述物体转动的快慢。下面我们就来探究如何描述物体转动的快慢。我们肯定要引入新的物理量！同学们讨论一下，该如何引入这个量呢？ 现在转动圆盘。想出来了吗？没有啊？那老师提示一下，分别画出两个圆盘的圆心 O、O'。再让它们转动起来，现在想出来了吗？还没有啊？那老师再提示一下，把两个圆心分别与圆周边缘上的任意点连接。再让它们回到红线处，转动起来。现在有什么发现啊？ 非常好，在相等的时间内，两个圆盘半径转过的角度不等。并且，转得快的圆盘，半径转过的角度大（用手画出角度）。这样问题就得到解决了，我们可以用半径转过的角度 φ 与所用时间 t 的比值来描述物体转动的快慢，并把这个比值定义为角速度的大小，用符号表示，数学公式为 $\omega=\varphi/t$，单位为 rad/s。 转得快的物体角速度大，转得慢的物体角速度小。那么对于转动快慢一定的物体，它的角速度是否一定呢？ 现在我们回顾一下前面的问题：对于转动快慢一定的物体，虽然各点的线速度大小不一定相等，但在相等的时间内，转过的角速度大小一样，即角速度相等（出现图）。因此，可以用角速度来描述物体转动的快慢。 最后，同学要注意了：通常线速度描述物体沿圆周运动的快慢，而角速度描述物体转动的快慢。要准确、全面地描述匀速圆周运动的快慢，我们要根据实际情况和具体要求采用合适的物理量！	【强化技能】强化技能的运用保持了师生之间、学生之间、学生和教学材料之间的相互作用，使大多数学生的思维和行为步调相对一致地沿教学计划有序发展

课例9 “动能和动能定理”教案

动能和动能定理

教学目标

1. 知识与技能

(1) 使学生进一步理解动能的概念，掌握动能的计算式。

(2) 结合教学，对学生进行探索研究和科学思维能力的训练。

(3) 理解动能定理的确切含义，应用动能定理解决实际问题。

2. 过程与方法

(1) 运用归纳推导方式推导动能定理的表达式。

(2) 对比分析动力学知识与动能定理的应用。

3. 情感、态度与价值观

通过动能定理的推导，感受成功的喜悦，培养学生对科学研究的兴趣。

教学重点、难点

教学重点：动能的概念。

教学难点：对动能定理的理解和应用。

教学方法

探究、讲授、讨论、练习

教具准备

多媒体课件

教学过程

[新课导入] 通过前面的学习我们认识到动能是物体由于运动而具有的能量，那么当物体受到力的作用，其运动状态（速度大小）将发生改变，从而导致物体动能发生变化。这样一来，动能如何定量表述？以及外力做功与动能的变化存在怎样的关系？便是值得我们探讨的问题，让我们带着问题进行接下来的探讨、学习。

[新课教学]

动能和动能定理的理解和应用

(投影展示思考，小组合作讨论)

(一) 光滑水平面上，质量为 m 的物体，在与运动方向总相同的恒力 F 的作用下发生

一段位移 l，速度由 v_1 增加到 v_2。试寻求这个过程中外力做的功与动能的关系。

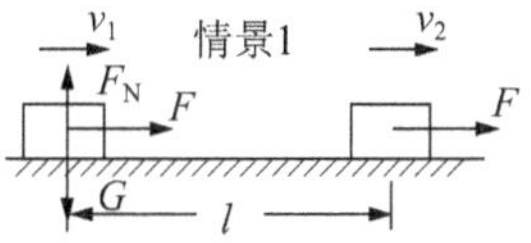

问题引导：

1. 外力对物体做的功是多大？

2. 物体的加速度是多大？

3. 物体的初速度、末速度、位移之间有什么关系？

4. 结合上述三式能推导出有关于 $W=?$ 的关系式？

教师：根据物理情景设立问题引导、梳理学生思维，帮助学生自主学习推理得出结论。展示学生成果，即时点评。

学生：根据老师设立的物理问题为导向推导得出结论。

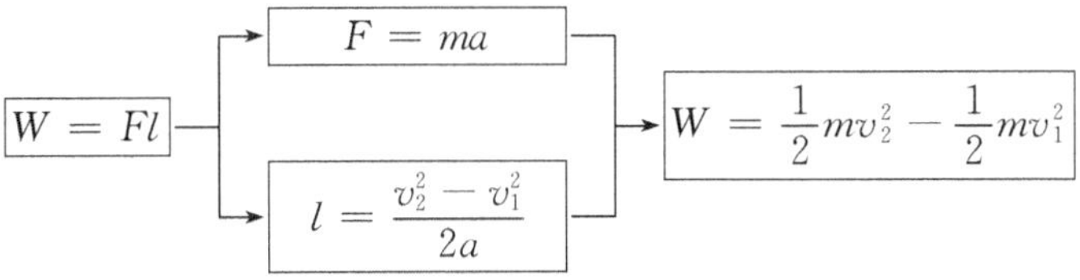

$$W_F = Fl = \frac{1}{2}mv_2^2 - \frac{1}{2}mv_1^2$$

（二）若地面粗糙，物体所受摩擦力恒为 f，这个过程中外力做的功与动能的关系又会如何？

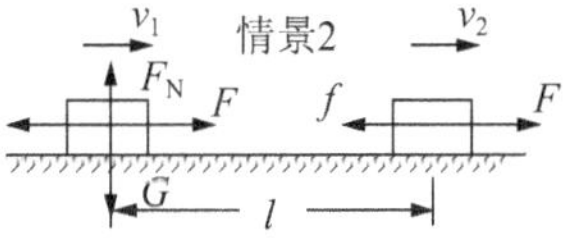

1. 外力对物体做的功是多大？

2. 物体的加速度是多大？

3. 物体的初速度、末速度、位移之间有什么关系？

4. 结合上述三式能推导出有关于 $W=?$ 的关系式？

教师：给出问题，学生小组合作自主推导得出结论，教师及时点评、补充总结。

学生：小组合作交流探讨总结，展示成果。

$$W_{总} = Fl - fl = \frac{1}{2}mv_2^2 - \frac{1}{2}mv_1^2$$

教师提出问题：上述结论的推导是在恒力做功、直线运动过程中得到的，若做功过程对应一个曲线运动的路径，该结论还成立吗？

教师：创建平抛运动情景，让学生利用平抛运动规律对相关问题进行求解，将所得结果带入上述结论进行验证。

学生：根据老师的问题和情景引导解决相关问题，验证定理的适用性。

（三）将一物体沿水平方向以 $v_0=20$ m/s 的速度抛出，抛出点距离落地点的高度为20 m，g 取 10 m/s^2，不计空气阻力。

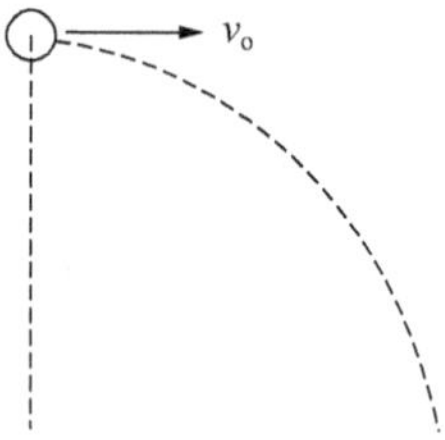

求：物体落地时速度的大小。

验证：是否适用于曲线运动

教师总结：1. 既适用于恒力做功，也适用于变力做功；既适用于直线运动，也适用于曲线运动。

2. 纷繁复杂的物理现象背后隐藏简单的规律：

$$W=\frac{1}{2}mv_2^2-\frac{1}{2}mv_1^2$$

强调这里的力为合外力做功，这个式子对比重力做功与重力势能变化量关系的过程：

重力做的功 $W=mgh_1-mgh_2$ 表明重力做的功等于“mgh”的变化，同理这个式子可以用文字叙述成什么？

［学生归纳］

用文字语言表述表中的结论：力 F 所做的功等于“$\frac{1}{2}mv^2$”这个物理量的变化。

物理学上就把$\frac{1}{2}mv^2$ 这个具有特定意义的物理量叫动能。

补充：（鼓励：这位同学总结得非常好，我们都要向他学习）我们在上一节课的实验探究中已经表明，力对初速度为零的物体所做功与物体速度的平方成正比，这也印证了我们的想法。

板书设计

1. 动能（E_k）

动能的表达式：$E_k=\frac{1}{2}mv^2$

一个新的物理量的学习，除了对它的概念和表达式的学习以外，还要掌握它的其他什么相关内容？请同学们类比“重力势能”这个物理量的学习过程，总结还应掌握哪些动能的相关内容。

学生回答：动能的单位、动能的矢量性、是状态量还是过程量、正负性。

（1）单位：焦耳（J）。

(2) 矢标性：标量。

(3) 状态量：正值。

(过渡) 有了动能的表达式后，前面我们推出的 $W=\frac{1}{2}mv_2^2-\frac{1}{2}mv_1^2$，就可以写成 $W=E_{k2}-E_{k1}$。

这个式子表明什么问题呢？请你用文字叙述一下。

学生叙述：力在一个过程中对物体所做的功，等于物体在这个过程中动能的变化。

补充：(鼓励) 而这位同学刚刚归纳的这个结论，就是我们今天要学的动能定理。

(板书)

2. 动能定理

内容：力（合外力）在一个过程中对物体做的功，等于物体在这个过程中动能的变化。

(1) 物体动能的变化：$\Delta E_k=\frac{1}{2}mv_2^2-\frac{1}{2}mv_1^2$

(2) 表达式：$W=E_{k2}-E_{k1}$

(3) 公式中各量的物理意义及单位

学生回答：(老师引导) 表示合力做的功，(怎么求合力做的功？) ① 先求物体所受的合外力，再求合外力做的功；② 外力做功之和（这里的力都应该是恒力）。(那如果我们遇到的是变力怎么办？如动力机器在一恒定功率启动的时候，牵引力随着速度的增大而变小，那怎么求这时合力做的功？) $W=Pt$，单位 J，E_{k2} 表示末动能，E_{k1} 表示初动能，(所以我们要搞清楚初速度和末速度，才能正确地表达出初动能和末动能) $E_{k2}-E_{k1}$ 表示动能的变化，这与一过程相对应，右面的单位也是 J。

那中间还有一个“等于”表示什么意思？一个是表示左右两边单位相同，另外引起物体动能变化的原因是因为合力对物体做了功，合力所做的功等于物体动能的变化，所以物体动能的变化可以用什么来量度呀？合力所做的功。

“=”反映了动能的变化用合外力对物体所做的功来量度。

3. 应用

习题巩固：教材第 73 页例题 1，总结运用动能定理解题的解题步骤（要求用两种解法求解）

方法一：（牛顿运动定律结合运动学）	方法二：（动能定理）

运用动能定理解决问题的解题步骤：

（1）确定______________；

（2）受力分析：求出__________________；

（3）分析运动过程，明确物体的__________和____________；

（4）根据______________列方程，并求解。

教师归纳总结，应用动能定理解题的一般步骤：

（1）确定研究对象；

（2）对研究对象进行受力分析，明确各力做功的情况，求出外力做功的代数和；

（3）通过运动分析明确物体在初、末状态的动能 E_{k1}、E_{k2}。（关键明确初、末速度）；

（4）列出动能定理的方程求解。

巩固提升

1. 关于物体的动能，下列说法正确的是（　　）。

A. 物体的质量、速度不变，其动能一定不变

B. 物体的动能不变，其速度一定不变

C. 两个物体中，速度大的动能也大

D. 某一过程中物体的速度变化越大，其动能的变化一定越大

2. 下列关于运动物体的合外力做功和动能、速度变化的关系，正确的是（　　）。

A. 物体做变速运动，合外力一定不为零，动能一定变化

B. 若合外力对物体做功为零，则合外力一定为零

C. 物体的合外力做功，它的速度大小一定发生变化

D. 物体的动能不变，所受的合外力必定为零

3. 如右图所示，物体在距斜面底端 5 m 处由静止开始下滑，然后滑上与斜面平滑连接的水平面，若物体与斜面及水平面的动摩擦因数均为 0.4，斜面倾角为 37°。求物体能在水平面上滑行的距离。($\sin 37°=0.6$，$\cos 37°=0.8$)

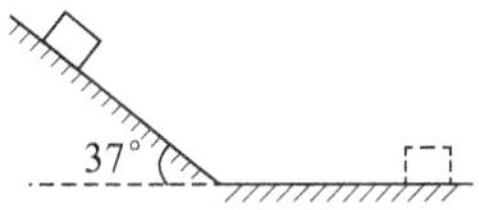

课堂小结

1. 动能的表达式

(1) 动能的表达式：$E_k=\frac{1}{2}mv^2$。

(2) 动能的单位和标矢性。

2. 动能定理

(1) 推导过程。

(2) 内容：合力在一个过程中对物体所做的功，等于物体在这个过程中动能的变化。

(3) 公式表示：$W_合=\Delta E_k$。

3. 动能定理的应用

应用动能定理解题的一般步骤：

(1) 确定研究对象。

(2) 对研究对象进行受力分析，明确各力做功的情况，求出外力做功的代数和。

(3) 通过运动分析明确物体在初、末状态的动能 E_{k1}、E_{k2}。(关键明确初、末速度)。

(4) 列出动能定理的方程求解。

板书设计

动能和动能定理

1. 动能

动能的表达式 $E_k=\frac{1}{2}mv^2$。

2. 动能定理

(1) 内容　　(2) 公式表示：$W_合=\Delta E_k$　　(3) 理解

（二）促使学生参与

讲解不应只是教学信息由教师到学生的单向传递，而应是师生间、学生间信息与情感的双向交流。因此，讲解过程离不开学生的主动参与。如何使学生从被动转为主动接受教学信息，其中介就是促使学生主动参与教师的讲解活动，在教师启发引导下积极地思考。学生主动地参与教师的讲解活动，不仅可以提高教师的讲解效果，而且有利于知识的保持和思维能力、科学方法的培养。

在讲解过程中，要促使学生主动参与，一般可以通过设置系列问题、创设问题情境进行；也可通过启发引导学生进行新旧知识的联系进行；还可通过运用各种语言，尤其是体态语言，与学生进行情感交流，促使学生参与。要善于通过各种方式获取学生的反馈信息，注意调控讲解过程。

三、使用例证

讲解本身是一个说理过程。使用贴切的例证，列举与所讲内容紧密相关的基础理论和事实，能将事实或学生的经验与新知识、新概念联系起来，同时更能促使学生对所讲解问题的理解与掌握。

在物理课堂教学中，要让学生理解与掌握物理知识，光靠教师讲解，单纯地进行推理是不行的。这样讲课空洞枯燥，学生听起来感到乏味，对问题也不好理解。如何将理论与实际结合得更密切呢？讲课时使用例证是很好的办法。例证——典型的、最好是学生熟悉的例子，这些例子可以帮助教师把枯燥的、难以理解的知识讲生动，与学生所见所闻联系在一起。例证是理论联系实际的良好纽带。

例如，在一个关于加速度教学的课例中，教学的最后一个环节“尝试运用”，列举生活中几种交通工具运动时的数据，使学生能运用所学的知识解决实际生活中的问题，实现理论与实际的结合。又如，在自由落体运动规律的教学中讲到规律的应用时，可以请学生估算从三楼阳台上下落的花盆，经过多长时间到达地面，到达地面的速度多大，让学生体验物理现象就在我们身边，体验自由落体运动的快慢。在学生解题的过程中，教师应教给学生估算楼高的方法，知道每层楼高；解题之后应对结论进行进一步讨论，如进入工地为什么必须戴上安全帽等实际问题。

四、演示改进

1. 提高演示实验的生动性

设计和选择演示实验要尽量做到生动、有趣。这样的演示实验能够最大限度地调动学生学习物理的积极性，充分发挥学生非智力因素的潜能，留给学生的印象也是终生难忘的。

学起于思、思起于疑。设计演示实验应以“趣”“疑”“难”为诱因，趣中涉疑，发掘问题；疑中涉难，引导思维，造成一个向未知境界不断探索的学习环境。生动的中学物理演示实验是举不胜举的，如“筷子提米”“纸锅烧水”“一纸托千斤”“一指断铁丝”“打不死的李逵”等。正像美味的菜肴总是注重色、香、味俱全，同时作用于人们的多种感官，使人产生美的感受，演示实验也要尽量有声有色，如用鸡蛋演示物体的惯性、保险丝的熔断、尖端放电等，都是典型的例子。

必须指出：演示实验的生动性绝不等同于哗众取宠，绝不允许低级、庸俗的内容进入神圣的课堂，生动性必须服从于科学性。

2. 增强演示实验的科学性

演示实验的科学性问题有丰富的内涵，每个演示实验的目的要求是否紧紧围绕教学内容，教师实验操作是否规范，演示实验的操作如何与推理相结合，演示的方式方法是否合适等，都属于科学性的范畴。根据不同的教学目的、要求和教材的内容、特点，以及学生的实际状况决定的演示实验有以下几种常见方式。

（1）单个实验的独立演示方法

单个实验一般只能起一种作用。演示时首先要介绍实验的装置，给学生指明观察的对象和重点，还要引导学生在观察现象的基础上进行思维加工。

（2）多个实验的综合演示方法

多个实验从不同角度、不同侧面阐述同一教学内容，通过分析和推理，建立概念或导出规律。这类演示对每一个实验都要有具体的目的，并安排好实验的顺序和方法。首先把直观的材料作为培养学生知觉、观察力的材料，引导学生仔细、准确地进行观察，训练学生用科学的语言描述，并解释所观察到的现象，得出应有的结论。

一堂课的演示实验是多一些好，还是少一些好？这应该根据课题的特点来确定。有些概念和规律是从大量的物理现象中归纳、概括出来的，用较少的演示实验不足以形成概念或导出规律，这时就要多选几个典型的、效果显著的演示实验。至于一般的课题，精选一个最能说明问题的演示实验即可。实践证明，缺少必要的演示手段，缺少感性认识，不利于物理模型、过程的想象，一个成功的演示可以减少许多烦琐的叙述，而过多的不必要的演示反而会冲淡主题，抑制学生的抽象思维。

（3）同一实验装置的程序演示方法

有些较难理解的概念、原理、理论或定律要用同一实验装置，采用程序演示方法。就是说在教学过程中的不同环节，重复做两三次实验，或者改变情况（或条件）再做一些实验。例如，自感现象这一课题就可采用通电自感演示—分析—断路自感演示—再分析—再实验（把通电自感和断路自感重新演示一遍）的程序演示法，导出自感现象的概念。又如，电磁感应现象这一课题可采用实验—分析—再实验—再分析的程序演示法。

3. 重视演示实验的安全性

安全性包括人身安全和仪器安全两个方面。无论教师是在实验室准备演示实验还是在教室里进行操作表演，一定要遵守安全操作规程，防止和杜绝任何事故的发生。对于涉及高温、高压、强电流、易燃、易爆和剧毒的演示实验，必须采取相应的保护措施。教师在操作时也要注意安全。例如，由于教师的操作技术不高或粗枝大叶，实验中的玻璃器件突然破碎，也有可能给师生的健康带来危害。总之，对演示实验的安全性切不可掉以轻心。

4. 增强自制教学仪器的主动性

自制教学仪器（包括教具和学具）不仅是当前解决许多农村中学缺少仪器问题有效途径，同时也是科学家的优良传统，对于丰富第二课堂的内容，调动师生的积极性，培养学生实践能力、发展创造精神，及早发现人才、造就人才具有极大的作用。

5. 提高演示实验教学研究的自觉性

随着教学改革的深入，中学物理演示实验也在不断地发展。为了适应这一发展的趋势，教师必须积极开展演示实验的研究。

（1）设计思想的研究

能否设计出一个好的演示实验，或者能否发挥一个演示实验的作用，首先在于深入分析它的设计思想，即从物理学的理论、思想、方法和教学论的思想方法发掘演示实验本身的潜在意义，研究组织实验教学的规律。

（2）提高已有演示实验效果的研究

这是一种最常见和大量进行的研究，不要认为已有的演示实验没有什么可研究的了。

例如，仪器设备是否能达到预定的教学要求；如何不断进行更新；怎样更好地改进演示程序，运用现有的演示仪器提高演示效果等，都值得深入研究。为适应教学改革的要求，必须大力改进演示方法，提高演示效果。

（3）填补演示实验空白、突破教学难点的专题研究

某些重要的物理概念和规律需要用演示来帮助学生认识，然而有时教学中还缺少这样的实验，需要进行研究和设计。例如，建立电场强度、磁感应强度等概念的演示实验目前还比较缺乏。还有一些物理学史中的重要历史实验，如库仑扭秤、罗兰实验、密立根油滴实验等，目前尚无简单有效的仪器可以演示，这也需要教师研究或设计出相应的教学仪器，或用模拟的方法来解决困难。

特别要提出的是，教师要努力开发一些突破教学难点的演示。对此，站在教学第一线的教师最有条件开展。为了研究这些课题，必须研究教材中哪些地方学生感到抽象、容易混淆、接受困难，并结合教学研究解决的方法。从教材总体上看，目前原子物理学方面的演示非常少，这部分内容涉及微观结构，比较抽象，有待研究。此外，努力开发一些直观的演示，以利于在教学中引进近代物理学的某些思想方法和现代科学的新成就（如用激光或电子器件），可以促进教学内容的改革，因此也是重要的研究课题。

（4）多种演示手段和替代性实验的研究

利用常用仪器、教具进行演示是一种最基本的手段。此外，还可以随着教学改革的深入，利用投影手段，结合实验内容的教学电影、电视录像及微型电子计算机进行模拟演示等。这些手段之间应当如何配合；如何发挥每一手段在演示中的特殊作用；为了解决仪器的暂时不足，还需要设计多种替代性实验，这些都是值得大力研究的课题。

第五节　物理课堂教学结束的设计与分析

一、物理课堂教学结束技能的构成

1. 提示进入总结阶段

教师通过概括教学任务和对照教学主要内容的进展情况，提示学生学习已达到总结阶段，为学生主动参与总结提供心理准备。

2. 简单回顾

教师对整堂课教学内容，特别是重点、难点内容进行简单的回顾，使学生对整堂课的内容有一个清晰明确的印象，促进学生对知识的理解和记忆。

回顾的内容主要有：

（1）对重要概念、规律、公式等的回顾。

（2）对所学习的主要概念、规律、公式形成过程的回顾；对相关概念，相似概念、规律、公式的比较进行回顾，以加深对知识的理解。

（3）归纳和总结分析解决问题的思路和方法。引导学生对分析和解决问题的全过程作总体认识。把握分析解决问题的思路，有助于培养学生思维的连贯性，使思路通畅。

3. 提示要点

教师指出本堂课的重点是什么，必要时可以做进一步具体说明，强化学生对新知识的理解。

4. 拓展延伸

有时为了开阔学生的思路或把前后知识联系起来，形成系统，教师把课堂内容扩展，有助于学生将所学的新知纳入已有的认知结构中。

例如，学习完竖直方向的抛体运动后，在结束该内容时，教师可以引导学生对新学的竖直方向上的抛体运动和以前学的自由落体运动进行比较。通过概括、比较相关知识，加强了新旧知识之间的联系，帮助学生形成巩固的知识体系。

5. 回顾研究问题的方法和思想

物理课程的教学不仅仅包括物理知识，同时还有许多研究方法和思想。在教学结束时，教师回顾解决问题的方法和思想，使学生加深理解记忆，举一反三，有利于对知识和方法的掌握、运用，有利于综合能力的提高。

6. 巩固应用

把所学知识应用到新情境中，解决新问题。在应用中巩固知识，并进一步激发思维，使学生形成规律性的认识。

7. 作业布置

教师有选择地适量布置各种类型的作业，使学生所学知识得到深化和巩固。布置的作业要有针对性，通过做作业能够巩固课堂上所学的新知识；布置的作业要有层次性，能满足不同学生的需求，提高学生的积极性，使不同学生的物理能力都得到展示。

布置的作业要有实践性，贴近学生的生活，联系生产和生活实际，让学生体会到物理知识是有用的、有价值的，从而提高学生学习物理的积极性。此外，布置的作业要精，不片面追求数量，以免给学生造成多余的负担。

二、物理课堂教学结束的设计与案例分析

如果说“良好的开端是成功的一半”，那也可以说“完美的结尾是成功的另一半”。因此，精心设计的结课对于良好教学效果的巩固有着举足轻重的作用。

课堂教学结束既然是教学活动，也应该体现出学生在学习中的主体地位。因此，在结束教学时，一定要考虑怎样充分发挥、调动学生的学习积极性、主动性，遵循教学规律和学生的学习规律。切忌为了完成教学任务，教师采用唱“独角戏”的做法。为了充分发挥结束技能的作用，教师在运用时应注意以下几点：

（1）目的性原则。课堂总结要紧扣教学目的，抓住教学重点和本节课的知识结构，针对学生掌握知识的情况及课堂教学情境，采用恰当方式总结，深化重要事实、概念和规律，把所学新知识有效纳入学生已有的认知结构中；同时小结要精要，有利于学生回忆、检索和运用。

（2）趣味性原则。兴趣既是推动学习的动力，又是发展思维的催化剂。任何教学的效果都是以学生是否自觉自愿参与、怎样参与、参与多少状况来决定的。只有让学生积极参与课堂结束的教学，学生才会感到快乐，效果才会显著。因此，在引导学生归纳小结时有意设置一些悬念，鼓励学生运用发散思维，培养丰富的想象力，促使学生思考和探索。

（3）及时性原则。心理学研究表明，学生的记忆过程是一个不断巩固的过程，由瞬间记忆到短时记忆再到长期记忆，有一个转折过程，实现这个转折过程最基本的手段是及时小结、周期性地复习。因此，在讲授新知识接近尾声时，应及时总结和复习巩固。尤其是讲那些逻辑性很强的规律性知识，更应加强归纳总结。

（4）多样性原则。小结的形式多样，可以提高学生学习的兴趣，收到好的教学效果。如果小结形式单一，容易使学生感到枯燥无味。因此，不同学科、不同课型要选择不同的结束方式。例如，对揭示概念的课型，一般可采用画龙点睛、概括要点的小结形式；对定理、定律推广练习一类的课型，可采用议论、总结、归纳的小结形式；对巩固训练的范例课型，可采用点拨方法、提示要点的小结形式。对不同年级的学生，根据他们心理、生理

的特点选择不同的结束方式。高年级一般采用“抽象概括、整理归纳”的小结方式，初学物理的学生一般采用“启发谈话、回顾复述”的小结方式。同时还可安排一定的学生实践活动，如练习、口答和实验操作等。通过思维和实践活动，促进学生的思维发展，培养学生抽象、概括能力和口头与书面表达能力。这样采取多种结束形式，既巩固了所学知识，又让学生余味无穷。

（5）巩固深化原则。结束不是本节课和本段知识的简单重复，应概括本节课和本段知识的结构，深化重要事实、情节、规律和概念，经过精心加工而得出系统化、简约化和有效化的知识网络，能帮助学生把零散孤立的知识“串联”和“并联”起来，了解概念、规律的来龙去脉，这样知识才能融会贯通。因此，结束的小结，教师要提纲挈领，抓住知识要点和问题的精髓，语言要准确、简洁，展示图表要简明、利落，有些内容要拓展延伸，进一步启发学生思维。

案例 9　匀变速直线运动的速度规律

教学过程	技能说明
今天我们学习了用打点计时器探究物体运动情况的方法。请同学们回去探讨课本第 42 页“科学探讨——一种切变速直线运动”，以及为什么可以用贴纸条的方法判断物体是否可变速，并思考如果物体仅在重力下做匀变速直线运动，如何计算出的加速度最准确	【变化技能】在所学的基础上拓展延伸

案例 10　重心与稳度

教学过程	技能说明
好！下面我们就可以用重心与稳度的关系来解释刚才双锥体实验的现象。这是双锥摆的俯视图，这是正视图。这个斜坡导轨高处比较宽，低处比较窄。这个双锥体中间厚、两边薄。从表面上看，物体是由低向高运动，但是双锥体的形状中间厚、边缘薄及导轨高处宽、低处窄，使得双锥体在整个运动过程中重心不断降低，物体都有趋于稳定的趋势，而重心越低越稳定，因此就发生了双锥体上滚的现象。 是不是所有的物体都是越稳定越好呢？其实，不稳定也同样有它的用处。大家看，这是西安半坡遗址出土的一种新石器时代使用的汲水瓶。它的特点是底尖、腹大、口小，系绳的耳环设在瓶腹稍靠下的部位。当汲水瓶空着时，由于瓶的重心高	【演示技能】演示实验中展示了许多有趣、新颖、惊奇的物理现象，教师在演示中又创设教学情境，巧设疑问，把这种外部诱因作用于学生，使其产生内部需要，激发了学习兴趣，提高了他们的学习积极性，从而把学习积极性引向具体的学习目标

续表

教学过程	技能说明
于绳的悬点，它就不稳定，容易倾倒；把它放到水里，水就会自动从瓶口流进去。那水流进去了，重心会不会变？当瓶中汲入水时，下面的质量增大了，重心怎么移动？ （向下移动。） 对，当瓶中汲入的水达到瓶容积的60%～70%时，瓶的重心降到绳的悬点以下，很稳定，一提绳，汲水瓶就会直立着被提上来。继续汲水，上面的质量又增大了，重心又怎么移动呢？ （向上移动。） 当瓶中的水太满，瓶的重心又高于绳的悬点时，就不稳定了，瓶会自动倾倒，将多余的水倒出。这种汲水瓶巧妙地通过重心变换，使得汲水方便、省力，又能控制汲水量，充分体现了我国古代劳动人民的智慧	【演示技能】演示古代汲水瓶的构造和原理，展现古人的智慧

案例11　液体压强

教学过程	技能说明
对，很好。学到现在，大家可以试着解释课前老师提出的问题吗？大坝的横截面为什么均为上窄下宽，呈梯形？ （大坝上窄下宽，是因为液体内部的压强随深度的增加而增大，坝底受到水的压强大，下面宽点能耐压。） 为什么潜水员穿的深海潜水服比浅海潜水更厚重？ （液体压强随深度的增加而增大，所以深海潜水服要比浅海潜水更耐压，更厚重。）	【提问技能】回答课前教师提出的问题，首尾呼应，完成教学

第六节　物理课堂教学结束微格教学

一、案例观摩与研讨

（一）教学结束课例

教学结束是教师在一个教学内容结束或课堂教学任务终了阶段，通过重复强调、归纳总结实践活动等方式回顾与概括所讲主要内容，强化学生学习兴趣，使学生形成完整的认识结构的教学行为。结束技能的目的如下：

（1）重申所学知识的重要性或应注意之点。

（2）概括本单元或本节的知识结构，强调重要事实、概念和规律的关键。

（3）检查或自我检测学习效果，通过完成各种类型的练习、实验操作、回答问题，进行小结、改错、评价等。

（4）引导学生分析自己的思维过程和方法，为下节课埋下伏笔。

（5）布置思考题和练习题，巩固所学知识。

课例 9　液体压强

教学课题	液体压强		
技能训练	教学结束	计划时长	6 分 56 秒
教学目标	理解液体压强与深度的关系		

内容简介

通过对液体内部压强大小影响因素的实验，帮助学生理解液体内部压强与深度的关系，并提出问题：压强大小是否与液体的质量有关？为下节课学习打下基础。

初步了解后，我的思考与评价：

课例 10　磁是什么

教学课题	磁是什么		
技能训练	教学结束	计划时长	2 分 9 秒

内容简介

总结如何利用磁感线描述磁场

初步了解后，我的思考与评价：

（二）结束语的运用策略

一部分内容或一节课教学之后的一段小结语就是结束语。教师在讲解知识时，为了便于学生掌握每一个知识点，可能是分散教学的，学生对知识的认识也可能停留在感性的局部。适时帮助学生将所学知识加以总结，使其能进行阶段性消化或巩固，为学习新知识做好准备。结束语的运用策略主要有以下几种。

1. 概括

一般用提纲挈领的话将分散的知识点串联起来。由于知识信息比较密集，话要说得慢些，语调要平稳。

2. 确定

无论是教师独白式的讲解还是师生交谈式的小结，关键性、结论性的句子必须由教师用肯定的语气说出，用语精确、简洁，一句句说得清楚明白。

3. 强化

小结语具有承上启下的作用，因此要着眼于知识的过渡和拓展，启发学生举一反三，解决新问题。有时，小结语可以着眼于思想感情的启迪和升华，教师的“点睛”之语会使教学效果延伸到培养高尚的道德情操方面。

二、编写结束教案

（一）教案课例编写

根据教学结束的特点及要求，参考课例，认真备课，根据自身教学特点，完成相应的教案编写。编写教案时要注意基本技能的应用，编写格式可以参考表 5-2。

课例 9　“液体压强”教案

姓名		指导教师	
片段题目	液体压强	重点展示技能类型	演示技能强化技能
教学目标	理解液体压强与深度的关系		

续表

教学过程		
时间	教学过程	技能分析
	为了加深对公式的理解，请大家先来看一个实验。 大家看，这是一个下端蒙着薄膜的容器，容器中装了这么多水，膜还不是鼓得很明显。现在我从里面取出一小杯水，其他的倒掉。只用这一小杯水，要怎样才能使得薄膜鼓得比原来更大呢？ 对，我看见这位同学选择了细长的玻璃管来替换原有的大容器，你是如何想到的呢？很好！他说要想使膜鼓得更明显，就要增大膜受到的压强，根据 $p=\rho hg$ 的公式，用的都是水，ρ 一定，所以选用细长的玻璃管增大深度就可以了。 现在老师把玻璃管和膜相连接，往里面倒水。大家注意观察膜的变化，结果如何？只用一小杯水，膜就鼓得比原来大多了。这位同学很好地运用了液体压强知识，我们把掌声送给他。 下面，我们再来思考一个问题：液体对容器底部的压力大小是否总等于液体的重力大小呢？这个问题我们还是利用自制教具来进行探究。大家看，这是液体对容器底部的压力演示仪，它可以通过指针的偏转表示出液体对容器底部压力的大小。它两侧的页片可以活动以改变容器形状。老师已经将示数调零，现在我先把它变成柱状，往里面加水。大家看，现在指针是指在这里，我们做个标记。由于此时容器是柱状的，所以液体对容器底部的压力大小就等于重力大小。请同学们思考一下，如果我改变容器的形状，液体的重力会不会变化？对！显然不会。那液体对容器底部的压力会发生改变吗？我先把页片往两边摊开，大家注意观察液面与指针的变化情况。怎么样？液面下降了，示数变小了，说明此时压力小于重力。现在我再把页片往中间靠拢，如何？液面上升了，示数比标记处大了，也就是此时压力大于重力。可见，液体对容器底部压力大小并不总等于液体的重力大小。这是为什么呢？请同学们回去认真思考	【演示技能】教师通过规范操作实验仪器、正确记录和分析数据，可使学生了解基本仪器的使用方法、观察和记录数据的方法、分析数据并作出实验曲线的方法等。教师演示的过程是培养学生掌握正确的操作技术和观察方法的过程，也是培养学生的观察能力和实验能力的过程。 【强化技能】教师通过组织教学过程中的情境呈现，使学生对其做出反应。如果教师没有给予反馈，则学生的认识尝试活动会失去方向和动力。这样教学环节便会失去控制，学生的思维活动变得混乱。强化技能的运用保持了师生之间、学生之间、学生和教学材料之间的相互作用，使大多数学生的思维和行为步调相对一致地沿教学计划有序发展

课例 10　“磁是什么”教案

姓名		指导教师	
片段题目	磁是什么	重点展示技能类型	强化技能
教学目标	知道利用磁感线描述磁场		
教学过程			
时间	教学过程		技能分析
	好了，现在我们可以用一系列有方向的曲线把条形磁体周围磁场的分布情况形象地描述出来，我们把这样的曲线称为磁感线。在磁体外部，磁感线从 N 极出发回到 S 极。通过这个实验，我们还认识了条形磁体外部磁感线的大致形状！ 现在我们可以解决前面提出的问题了：不用小磁针，如何判断磁场方向呢？首先，画一条磁感线经过一点，标出它的方向，接着画出曲线上该点的切线，根据磁感线的方向，就可以标出这点的磁场方向！对于磁场中任意一点的磁场方向，都可以用磁感线来加以判断！		【强化技能】教师通过组织教学过程中的情境呈现，使学生对其做出反应。如果教师没有给予反馈，则学生的认识尝试活动会失去方向和动力。这样教学环节便失去控制，学生的思维活动变得混乱。强化技能的运用保持了师生之间、学生之间、学生和教学材料之间的相互作用，使大多数学生的思维和行为步调相对一致地沿教学计划有序发展

(二) 结束的操作方式

1. 总结归纳式

为了帮助学生理清所学知识的层次结构，掌握其外在的形式和内在联系，形成知识系列及一定的结构框架，在课堂结尾时利用简洁准确的语言、文字、表格或图示将一堂课(或包括前几堂课)所学的主要内容、知识结构进行总结归纳。这种小结繁简得当，目的明确，且有一定实际意义，绝不是依教学的时间顺序，简单地读一遍板书各纲目的标题就能完成的。它应能准确地抓住每一个知识点的外在实质和内在的完整性，从而有助于学生掌握知识的重点和知识的系统性。这种方式的结尾一般用于新知识密度大的课型或某一单元教学的最后一次新授课。例如，在讲完气体性质的一单元最后结尾时，随着时间的推移，摆在学生面前有关气体状态变化规律的方程越来越多。如何记忆诸多公式？诸多规律又有什么关系？如果这些问题不解决，而草率地以讲解例题或强调规律如何运用等内容作为本节课的结尾，则学生对知识的掌握就会出现混乱。因此，教师可以用十几分钟时间，引导学生通过回忆，将有关知识内容系统地归纳，例如图 5-1 所示。

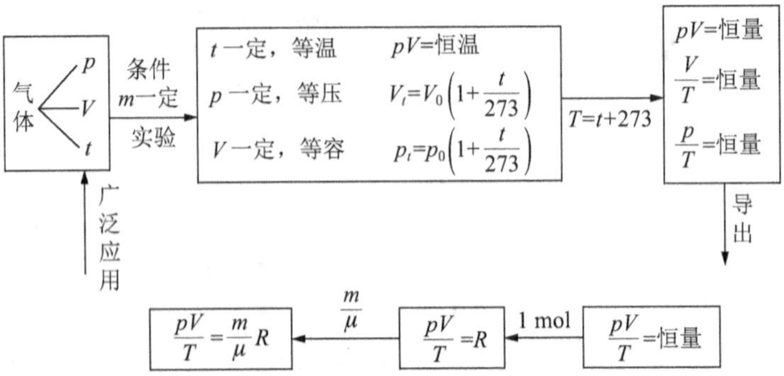

图 5-1　课堂结束归纳示意图

通过这样总结归纳的结尾，学生对气体的性质有了较为系统的了解，既突出了单元教学的重点内容，又有利于学生记忆。

采用总结归纳式的结尾方法，开始可由教师引导学生共同完成。随着学生知识的增长，归纳总结能力的提高，可逐步过渡到学生自己总结归纳，教师帮助修改完善，使学生在系统地接受物理知识的过程中不断提高学习能力。

2. 练习巩固式

教学实践中发现，有些章节的教学对引出概念、得出规律并非难事，而要让学生全面、正确地理解、掌握并能灵活运用却非易事。练习巩固式结尾就是针对这种情况设计的。通常是针对学生理解物理概念、规律时易出现的问题精心设计相应的典型练习题，在课堂结尾时，用几分钟通过提问、板演、讨论或小测验等手段实施，从而完善学生对概念、规律的理解和掌握。一般这种形式的结尾适用于学生由于各种原因容易对某些概念、规律发生误解的情况。

例如，关于摩擦力的教学，当通过实验得出后，学生一看公式如此简单，且马上要下课了，容易产生松懈情绪。若教师仍用总结归纳式结尾的方法，单纯强调公式的重要性及各量的物理意义，则不易被学生很好地接受。此时，需将要强调的内容巧妙地化为富有思考性的问题，如可通过对斜面上物体的受力分析，弄清物体对斜面的压力 N 与斜面倾角的关系。这样有效地防止学生将物体的重力和物体对斜面的压力混为一谈的现象发生，从而加深对物体正压力 N 的理解。

可见，这样的结尾，一方面使学生比较全面牢固地掌握了本节课的主要知识内容，另一方面也使教师及时了解学生的学习情况，获取反馈信息，从而有利于教师切准学生“脉搏”，把握教学进程。

3. 比较识记式

心理学研究表明：“比较”是认识事物的重要方法，也是进行识记的有效方法，它可以帮助我们准确地辨别记忆对象，抓住它们的不同特征进行记忆，也可以帮助我们从事物之间的联系来掌握记忆对象。比较识记式结尾就是采用叙述、列表等方法，将本节课讲授的不同概念、规律或新知识与具有可比性的旧知识加以对比，帮助学生加速新知识的理解和记忆，拓展思路，使新旧知识融会贯通，提高知识的迁移能力。这种方式的结尾一般用于表达形式非常相近、知识结构十分相似或学生常易混淆的概念、规律等内容。

4. 设疑伏笔式

在一节课即将结束之时，教师或提出有一定难度的问题供学生课后自行探讨，或诱发一个或几个与以后学习内容有关的悬念，在学生感到言而未尽之时收住话题。让他们带着疑问和如何解决这些问题的强烈愿望结束一堂课的学习，从而活跃学生的思维，激发他们进一步探究、学习的兴趣。

5. 启导预习式

每节物理课虽可自成“体系”，但作为一堂课所讲授的知识仅是整个物理学中极小的一部分。每节课的教学只不过是整个教学活动的一个片段，它与前后章节都有着内在的联系，有的关系甚密，不易分割。因此，在设计结尾时要通盘考虑，在让学生掌握本节所学知识的同时，对新课的预习给予必要的指导。启导预习式结尾的设计应根据下节课要学教材的重点、难点编拟预习提纲交给学生，使他们预习时能够抓住要点，有的放矢地学习，以避免走弯路，做无用功。

6. 首尾照应式

有些教师常以提出问题、设置悬念的方式引入新课，用以激发学生强烈的求知欲望和学习兴趣。因此，在课堂结尾时，不要忘记引导学生用本节课所学到的物理知识，分析解决上课时提出的问题，消除悬念，做到悬念不悬。这种结尾方式既能巩固本节课所学到的物理知识，又照应了开头，使一堂课的教学形成一个相对完整独立的系统。这种结尾通常用于相对独立的知识内容的教学，即只用本节课的知识内容便可解决、消除引课时所设下的悬念。

这种结尾使学生在知识的应用中享受到解决问题、消除悬念的无穷乐趣，从而提高了学习物理知识的兴趣，同时也给后续课程的学习带来积极的影响。

7. 激发兴趣式

激发兴趣式的课堂结尾就是结尾时结合本节课教学内容，或演示一些有趣的小实验，或设计一个小游戏、小魔术，或组织小型智力竞赛，或让学生猜几个谜语（谜底与所学物理内容有关），使学生在轻松愉快的环境中结束一节课的学习。寓知识的理解应用于娱乐之中，使学生感到物理课并非枯燥无味，而是妙趣横生。

由于这种结尾具有一定的趣味性，故一般应用于知识密度较大且比较抽象的知识教学中。学生在四十几分钟的紧张学习之后，通过娱乐性的课堂结尾，既进一步理解应用了所学的知识，又在精神上得到适当的放松，大脑得到调节，从而为下一节课的学习做好精神上的准备。

三、结束教学应注意的问题

1. 要以突出重点、加深理解、强化记忆为中心设计课堂教学的结尾

无论以哪种方式设计课堂教学的结尾，都应牢牢把握住本节课的重点，设法通过教师的设计把学生的注意力集中到重点问题的探索、研究和讨论上，从而获得深刻的印象，达到加深理解、强化记忆的目的。

2. 要注意发挥学生的主体作用

教育学理论表明：在教学活动中，教师是主导，学生是主体。学生学习的主动性和积极性来源于学习的内因，它决定了学生学习、掌握知识的可能和限度。因此，无论采用何种方式结尾，都应努力把着眼点放在引导学生进入“角色”上。只有想方设法让学生多观察、多思考、多分析、多讨论，充分发挥其主观能动性，才能发挥课堂结尾的作用，达到预期的效果。

3. 要注意因材施教

设计课堂结尾时，既要考虑教材内容、教学要求和课堂类型，又要照顾学生的知识结构、智力水平、年龄特点、心理特征的差异，千方百计、精心设计，力求调动每个学生的学习积极性，使他们都能有效地利用每堂课的最后几分钟。

4. 要注意利用电化教学手段

目前，投影设备在学校已较为普及，在教学中应使其充分发挥应有的作用。采用总结

归纳式或比较识记式结尾时，制好投影片，使用投影器，既方便又省时。以练习巩固式结尾，利用投影器给每个学生发一张透明胶片作为练习卡，能扩大学生的训练量。例如，在前面提到的计算摩擦力的训练中，可要求每个学生都接受“检查”，在各自的卡片上“板演”，教师巡视发现典型。优秀的卡片可拿到投影器上给全班同学示范，发现共性的问题也可及时展示出来全班订正。由此可见，电化教学手段具有许多传统教学手段不可比拟的优点，务必给予足够重视。

参考文献

[1] 陈桂芳，郭晓萍．略论理科讲解技能［J］．西昌学院学报（自然科学版），2007（1）：129-131.

[2] 陈玲．新课程背景下高中物理课堂教学导入策略研究［D］．新乡：河南师范大学，2011.

[3] 陈婷．2007．信息技术环境下微格教学的变化及其发展趋势［J］．电化教育研究，2007（6）：93-96.

[4] 陈瑶．模拟实践在教学技能训练中的运用［J］．课程·教材·教法，1999（4）：55-56.

[5] 邓婵．基于微格教学的教学技能培训［J］．中国教育技术装备，2011（24）：15-16.

[6] 邓婷婷．浅析师范生微格教学现状［J］．课程教育研究，2013（5）：1.

[7] 丁湘．“微格教学”实践教学初探［J］．民族教育研究，2010，21（2）：77-82.

[8] 范官军．师范生教学技能微格教学训练过程研究［J］．中国教育技术装备，2014.（18）：86-87.

[9] 范官军．师范生教学技能微格教学训练评价体系研究［J］．中国教育技术装备，2014（16）：82-83.

[10] 甘威．初中物理教学导入新课的方法［J］．课程·教材·教法［J］．1994（6）：29-30.

[11] 高丽．微格教学中课堂教学技能评价的定量化研究［J］．电化教育研究，2005（10）：57-60.

[12] 高文文．影响课堂教学讲解语篇形成的因素分析［J］．昭通学院学报，2018，40（5）：101-104.

[13] 顾进. 高中物理课堂教学中的新课导入策略 [J]. 中学物理教学参考，2017，46 (16)：14.

[14] 郝吉卿. 高师院校师范生微格教学评价标准构建研究 [D]. 临汾：山西师范大学，2015.

[15] 何海嫦，潘文涛. 近十年我国微格教学学术论文的内容分析研究——以师范教育类为例 [J]. 中国教育技术装备，2016 (14)：20-22.

[16] 何雪玲. 促进师范生教学技能发展的策略探析 [J]. 教育探索，2015 (1)：125-127.

[17] 胡淑珍，胡清薇. 教学技能观的辨析与思考 [J] ·课程·教材·教法，2002 (02)：21-25.

[18] 胡淑珍. 教学技能 [M]. 长沙：湖南师范大学出版社，1996.

[19] 黄映玲，韦宁彬. 从学生角度分析微格教学技能评价环节现状 [J]. 电化教育研究，2012，33 (9)：116-120.

[20] 贾晓婷. 微格教学在师范生教学技能训练中的实施步骤探讨 [J]. 安徽电子信息职业技术学院学报，2013，12 (1)：64-66.

[21] 江玲，邹霞. 微格教学与教学技能分类 [J]. 四川师范学院学报（哲学社会科学版），1999 (5)：72-77.

[22] 蒋立. 利用微格教学提升教师物理教学技能的研究 [D]. 武汉：华中师范大学，2016.

[23] 孔令明. 教师教学技巧 [M]. 北京：首都师范大学出版社，1992.

[24] 雷慧. 中学物理微格教学训练研究 [D]. 成都：四川师范大学，2011.

[25] 雷晓艳. 新课程下高中物理课堂导入教学研究 [D]. 长沙：湖南师范大学，2013.

[26] 李春密，王丽芳，李多. 新课程理念下中学物理教师对教学技能需求情况的调查研究 [J]. 课程·教材·教法，2006 (9)：67-70.

[27] 杨军，陶珍. 在中学物理教学中渗透劳动教育的策略 [J]. 辽宁教育，2022 (7)：56-59.

[28] 陈春敏. 基于分布式认知的微格教学互评工具的设计与开发 [D]. 福建师范大学，2020. DOI:10.27019/d.cnki.gfjsu.2020.001092.

[29] 加那尔·叶尔肯. 新疆新入职初中物理教师课堂教学技能的现状研究及对策建议 [D]. 新疆师范大学，2020. DOI:10.27432/d.cnki.gxsfu.2020.000122.

[30] 韦志仕. 浅谈初中学生物理实验能力的建构及培养 [J]. 教育界，2020 (21)：63-65.

[31] 陈航燕. 提高职前物理教师教学技能的有效性模式 [J]. 中学教学参考，2020

(14)：48-49.

[32] 孙云娟. 以提升就业核心竞争力为导向的职前物理教师教学技能培养探析 [J]. 科技视界，2020 (7)：76-78. DOI：10.19694/j.cnki.issn2095-2457.2020.07.032.

[33] 顾明婕，詹浣湫，方开军，姚庭，唐婵媛，刘成林. 初中物理教师培训需求的调查与分析 [J]. 当代教育实践与教学研究，2020 (2)：130-131. DOI：10.16534/j.cnki.cn13-9000/g.2020.0185.

[34] 王秋菊. 对初中物理教师实验操作技能现状的分析与反思 [J]. 新课程（中学），2019 (12)：122-123.

[35] 孔永吉. 谈初中物理教师课堂导入技能 [J]. 考试周刊，2019 (32)：167.

[36] 李运芳. 新手型与专家型物理教师核心概念教学技能比较研究 [D]. 河北师范大学，2019.

[37] 杨美琴. 新课改背景下初中物理教师应具备的教学技能 [J]. 新课程（中），2019 (3)：238.

[38] 钟宇昊. 微格教学与物理师范生基本教学技能培养的研究 [J]. 报刊荟萃，2018 (10)：163.

[39] 王琼. 基于“微格教学”的物理师范生教学技能培养研究 [J]. 科技视界，2018 (26)：96-97+95. DOI：10.19694/j.cnki.issn2095-2457.2018.26.041.

[40] 杜爱慧，樊向宇. 职前物理教师实验教学技能的调查和分析 [J]. 物理教学探讨，2018，36 (9)：73-76+80.

[41] 姚晓玲. 物理教学中利用微格教学的研究 [J]. 广东蚕业，2018，52 (7)：44-45.

[42] 行铭涛. 高中青年物理教师课堂教学技能研究 [D]. 华中师范大学，2018.

[43] 吴文肖. 基于课堂观察的高中物理教师专业技能发展的实践研究 [J]. 中学物理，2017，35 (13)：13-14+19.

[44] 李芳平. 微格教学在我国高师学生技能训练中的应用建议 [J]. 赤子（上中旬），2017 (5)：133.

[45] 魏明，刘高福. 物理教师课堂提问技能设计与分析 [J]. 中学物理，2017，35 (3)：16-17+26.

[46] 吴中华，吴雷，方建平，郑永良. 师范院校生物科学专业微格教学实践探讨 [J]. 黄冈师范学院学报，2015，35 (6)：90-93.

[47] 郝吉卿. 高师院校师范生微格教学评价标准构建研究 [D]. 山西师范大学，2015.